미셸 푸코의 『말과 사물』 읽기

**세창명저산책_093**

미셸 푸코의 『말과 사물』 읽기

**초판 1쇄 인쇄**  2022년 7월 8일
**초판 1쇄 발행**  2022년 7월 15일

—

**지은이**  심재원
**펴낸이**  이방원
**기획위원**  원당희
**편 집**  정조연·김명희·안효희·정우경·송원빈·박은창
**디자인**  손경화·박혜옥·양혜진    **마케팅**  최성수·김 준·조성규

—

**펴낸곳**  세창미디어

　　　**신고번호**  제2013-000003호  **주소**  03736 서울시 서대문구 경기대로 58 경기빌딩 602호
　　　**전화**  723-8660  **팩스**  720-4579  **이메일**  edit@sechangpub.co.kr  **홈페이지**  http://www.sechangpub.co.kr
　　　**블로그**  blog.naver.com/scpc1992  **페이스북**  fb.me/Sechangofficial  **인스타그램**  @sechang_official

—

**ISBN**  978-89-5586-729-9  02160

ⓒ 심재원, 2022

이 저작은 2022년 '서울대 철학사상연구소'의 지원을 받았습니다.

Michel
FOUCAULT

세창명저산책_093

심재원 지음

# 미셸 푸코의 『말과 사물』 읽기

**세창미디어**
MEDIA

# 1장
## 전기적 맥락

'모닝빵 같은 푸코', 이것은 1966년 여름, 푸코의 책, 『말과 사물』이 한창 잘 팔릴 때 프랑스 유명 시사주간지 『누벨옵스Nouvel Obs』에 난 기사 제목이다. 『말과 사물』은 대성공을 거두었다. 이것은 이 책이 철학 사상과 학문의 역사에 관심이 있는 극히 제한된 독자를 겨냥한 매우 까다로운 책이었음에도 거둔 성공이었다. 초판 3,500부가 단숨에 매진되었다. 6월부터 재쇄에 들어가 5천 부를 더 찍었다. 그리고 7월에 새로 3천 부를 찍었고, 9월에 다시 3,500부, 11월에도 마찬가지였다. 이 추세는 그다음 해에도 계속되어 1967년 3월에 4천 부, 11월에 5천 부를 찍었다. 1968년 4월에는 6천 부, 6월에도 6천 부였다. 1989년 이 책의 총발행 부수는 '1백만' 부가 넘었다.

그 최초의 성공은 철학계에서부터 시작되었다. 1966년, 장 라크루아는 『르 몽드』에 프랑스 교수자격시험 답안지에 가장 많이 인용되는 이름이 알튀세르와 푸코라고 썼다. 그러나 이 책의 성공은 물론 더 광범위하게 이루어졌다. 사람들은 푸코의 책을 해변에서도 읽었고, 아니, 최소한 휴가를 떠날 때 가지고 갔으며, 이 '사건'을 자신도 모르지 않는다는 것을 과시하기 위해 그저 무심하게 놓았다는 듯 카페의 테이블 한옆에 그 책을 슬쩍 놓아두곤 했다. 『말과 사물』이 얼마나 큰 반향을 일으켰던지 고다르의 영화 《중국 여인》(1967)에도 나왔다. 여기서 마오주의자 여대생 역을 맡은 안 비아젬스키는 이 책에 토마토를 던진다. 고다르는 한 인터뷰에서 자신이 영화를 만드는 것은 '위대한 푸코 신부님' 같은 이들에게 반격을 가하기 위해서라고 했다.

복잡하게 빛나는 문체가 화려하기 그지없는 『말과 사물』은 출판되자마자 즉각적으로 큰 반향을 일으키며 대대적인 성공을 거둔 것이다. 모든 방면에서의 해설, 소개, 비평, 논쟁 등은 이루 다 열거할 수 없을 정도이다. 이 그림에 자신의 붓을 가하기를 원치 않는 신문이나 잡지는 단 하나도 없었다. 푸코는 '모든 사람을 위한 독서'라는 TV 프로그램에 출연하기까지 했다. 장 라크루아는 『르 몽드』의 철학 면에 "푸코의 작품은 이 시대의 가장 중요한 작품 중 하나다"라고 썼다. 로베르 캉테르는 일간지 『르 피가로』에 "인상적인 작품이다"라고 썼다. 그리고 들뢰즈는 『누벨옵스』에, "철학에서 무슨 일이 새롭게 일어나는가라는 질문에 대해 푸코의 책들은 그 자체로 깊고 생생하고 또 설득력 있는 대답이다. 우리는 『말과 사물』이 새로운 사상에 대한 위대한 책이라고 생각한다"라고 결론지었다.

『말과 사물』의 성공은 이 책이 출판된 시점의 문화적 풍경에 기인하는 바도 상당히 있었다. 1966년에는 '구조주의'[1] 논쟁이 그 절정에 이르렀었다. 1958년에 나온 레비스트로스의 『구조인류학』은 새로운 '철학적' 흐름, 또는 새로운 사조의 선언으로 보였다. 1962년에 레비스트로스는 자신의 생각을 분명하게 밝혔다. 그는 『야생의 사고』 말미에서 사르트르의 철학[2]을 현대의 신화라고 규정하며 그를 격렬하게 공격했다.[3] 20여 년간 프랑스의 지성계를 분할 없이 지배해 왔던 사르트르의 절대적 권위가 사상 처음으로 심각한 손상을 입었다. 1960년대 초부터 모든 학술잡지가 별다른 특집이 없을 때는 매달 구조주의를 한두 건씩 다뤘다. 구조주의에 찬성하는 사람도 있었고, 반대하는 사람도 있었으며 둘을 종합하려고 애쓰는 사람도 있었다. 자신의 분야가 무엇이든 간에 모든 문화계 인사는 구조주의에 대한 자신의 입장을 반드시 정립해야만 할 것 같은 초조함을 느꼈고, 그래서 서둘러 그것을 밝혔다. 문화적 끓어오름이 이보다 더 격렬했던 적은 참으로 드물었다. 이렇게 『말과 사물』이 새로운 논쟁을 불러일으킬 무대가 모두 준비되어 이제 막이 오르기만 하면 되었다.

푸코는 아주 독특한 인터뷰를 몇 번 가졌다. 1966년 4월 15일 자 『라 캥젠 리테레르』(격주 문학)지의 것이 특히 그랬다. 그는 "우리는 사르트르의 세대를 경험했습니다. 그들은 삶과 정치와 실존에 열정을 가지고 있는 용감하고도 덕성스러운 세대였습니다. 그러나 우리는 그와 전혀 다른 것, 전혀 다른 열정을 발견했습니다. 그것은 '개념'에 대한 열정이며 내가 '체계'라고 부르는 것에 대한 열정입니다"라고 선언했다. 1966년 6월의 또 다른 인터뷰 역시 사르트르를 조준의 대상으로 삼고 있다. "『변증법적 이성 비판』은 20세기를 사유하려는 19세기 인간의 놀랍고도 눈물겨운 노력입니다. 이런 점에서 사르트르는 마지막 헤겔 주의자고 또 마지막 마르크스주의자입니다."

지체 없이 반응이 나왔다. 마르크스주의자들이 반격에 나선 것이다. 푸코의 책은 프랑스 공산당 서클에서 파문되었다. 그들은 특히 "마르크스주의는 마치 물고기가 물속에 있듯이 19세기의 사유 속에 있다. 다시 말하면 그 외의 어떤 곳에서도 그것은 숨쉬기를 그친다"라는 그의 주장[4]을 용서할 수가 없었다. 사르트르도 응답했다. 푸코의 공격에 걸맞게 아주 격렬한 응답이었다. "그가 겨냥한 것은 마르크스주의입니다. 그의 관심은 새로운 이데올로기를 구축하는 것, 다시 말해서 부르주아지가 마르크스에 대항해 세울 수 있는 마지막 댐을 건설하는 것인 듯합니다." 푸코는 빈정거렸다. "부르주아지는 불쌍하기도 하지. 자신들을 지킬 성채가 고작 내 책밖에 없다니." 그리고 푸코는 사르트르의 공격에 차갑게 대꾸했다. "사르트르는 내 책을 읽기에는 해야 할 일이 너무나 많다. 문학·철학·정치적으로 너무나 중요한 책들을 써야 하기 때문에 시간이 없어서 그는 책을 읽지 못했다. 그래서 그가 하는 말은 전혀 적실성이 없어 보인다."

다른 한편, 상당수의 좌파 인사들에 의해 '우익'으로 몰리긴 했지만 구조주의는 알튀세르 주변 그룹에서 번창했는데, 이 그룹은 좌파, 그것도 좌파 중의 좌파에 자리 잡았던, 이론적이면서도 동시에 정치적인 그룹이었다. 푸코는 1968년 3월의 인터뷰에서 이 점을 강조했다. 그는 알튀세르와 그 제자들이 내세우는 역동적이고 쇄신적인 마르크스주의를 옹호했다. 그들은 '공산당의 좌익'이며 구조주의적 명제에 매우 호감을 갖고 있다고 푸코는 말했다. 푸코는 구조주의의 용어 안에서 진행되는 이론적 성찰과 정치적 행동 사이의 관계를 좀 더 일반적인 방식으로 재정립하려는 시도를 하기도 했다.

그러나 그 후 얼마 가지 않아서 푸코는 구조주의자로 지칭되기를 거부했고, 이 꼬리표 밑에 분류하는 것 자체를 자신에 대한 도전으로 간주하기까지 했다. 오늘날 레비스트로스는 푸코가 그 명칭을 거부한 것이 일리가 있다고 말한다. 왜냐하면, 이 두 사람의 작품 사이에는 아무런 공통점이 없기 때문이다.

푸코에게는 성공이 어울렸다. 1966년 봄에 그를 만난 사람들은 모두 그가 아주 행복해 보였다고 말한다. 그는 틀림없이 자신의 새로운 인기와 성공에 매혹된 듯이 보였다. 그 자신도 자기 책에 만족했을까? 행복감이 일단 사라지자 그는 자신에게 명성을 안겨 준 책을 냉정한 시선으로 바라보게 되었다. 그리고 그 책은 자신이 이때까지 쓴 책 중 못한 것으로 비쳐졌다. 출판 담당자 피에르 노라에게 더 이상 그 책을 출간하지 말아 달라고 부탁했던 시기조차 있었다.

『말과 사물』이 일으킨 모든 반응 중에서 푸코의 마음에 가장 와닿는 것이 하나 있었다. 그것은 르네 마그리트의 편지였다. 1966년 5월 23일, 이 화가는 그에게 유사와 상사相似의 개념에 대한 자신의 생각을 써서 보냈다. 편지 안에 일러스트레이션 몇 장을 동봉했는데 그중에 〈이것은 파이프가 아니다〉의 복제본도 들어 있었다. 감사의 답장을 보내면서 푸코는 마네의 〈발코니〉를 모작한 그의 그림들에 대해 문의했다. 이 그림들이 특히 푸코의 마음을 사로잡았기 때문이다. 이 편지 교환에서부터 푸코의 마그리트와 마네 연구가 생겨났다. 나중에 단행본으로 나온 『이것은 파이프가 아니다』와 『마네의 회화』가 그것이다.

# 2장
## 텍스트 읽기

### 서론

한 문화의 기본적인 코드들 —그것의 언어, 지각의 도식, 교환, 기술, 가치, 실천의 계층적 질서를 지배하는 것들— 은 최초로 만인을 위해 인간이 다루게 될, 그리고 그 내부에서 인간에게 안락함을 주는 경험적 질서를 정립한다. 사고의 또 다른 극단에서는, 일반적으로 질서가 왜 실재하는가, 그 질서는 어떤 보편법칙을 따르는가, 어떤 원리에 의해 그 질서가 설명될 수 있을까, 하필 다른 것도 아닌 이 특정한 질서가 설정되었는가 하는 물음들을 설명해 주는 과학적 이론이나 철학적인 해석이 실재한다. 그러나 상호 간에 멀리 떨어져 있는 이 두 분야 사이에는, 주로 중간항의 역할을 담당하긴 해도 기본적인 영역이 놓여 있다. 그 영역은 더욱 혼란스럽고, 더욱 불명료하며, 아마도 분석하기가 더 어려울 것이다. 문화의 원초적인 코드에 의해 정립된 경험적 질서로부터 미소하게 일탈하여 최초로 그 질서로부터 분리된 문화는 경험적 질서로 하여금 본래의 투명성을 상실케 하며, 자신의 직접적이나 비가시적인 힘을 포기하고, 그 질서가 유일하게 가능한 것, 혹은 최선의 것이 아니라는 사실을 발견하기 위해 자기 자신을 충분히 자유롭게 한다. 그다음에 이 문화는 자연발생적인 질서의 수준 아래에 자체적으로 질서를 유지할 수 있고 어떤 언표되지 않은 질서에 속하는 사물들이 실재한다는 사실, 요컨대 질서가 '실재한다'는 생생한 사실에 직면하게 됨을 알게 된다. 언어, 지각, 실천, 각각의 그물망에서 부분적으로 해방된 그 문화는 그 망들을 중화시키는 또 다른 종류의 그물망을 그것들 위에 포개 놓았으며, 이와 같은 포갬에 의해 위에 놓인 망은 그것들을 전면에 드러냄과 동시에 배제시키고, 따라서 문화는 이 과정에 의해 원초적인 상태의 질서와 대면하게 되었다. 새로 인지된 이 질서에 근거하여 언어, 지각, 실천의 코드들이 비판되고, 부분적으로 무효화된다. 견고한 토대로 여겨지는 이 질서에 근거하여 사물의 질서화에 대한 일반이론과 그러한 질서화가 포함하는 해석이 구축된다. 그리하여 이미 '코드화된' 시선과 반성적인 인식 사이에는 질서 자체를 해방시키는 중간 영역이 실재한다. 여기에서 질서는 고려되는 문화와 시대에 따라서 연속적이자 계층적이 아니면 불연속적이자 세분화된 것처럼, 공간과 연관되어 있거나 시간의 추진력에 의해 매 순간 새로이 구성되는 것처럼, 점차 증대해 가는 상이성 주위에서 조직된 것처럼 보인다. 이 중간 영역이 질서의 존재 양태를 명확하게 해 주는 한, 그 영역은 자신의 표현이자 다소 정확하고 교묘한 것으로 여겨지는 단어, 지각, 몸짓에 선행하며 그 표현들과 명백한 형태, 철저한 작용과 철학적 기초를 제공하려는 이론들보다 더욱 견고하고, 더욱 오래된 것이며 의심의 여지가 보다 적고, 항상 더욱 '진실된' 것이다. 따라서, 모든 문화에 있어서 질서정연한 코드라 불리는 것의 사용과 질서 자체에 대한 반성 사이에는 질서와 그것의 존재 양태에 대한 순수한 경험이 놓여 있다.

『말과 사물』은 그 경험을 분석하려는 시도이다. 그러한 분석은 명백히 사상사나 학문의 역사에 속하지 않는다. 그것은 오히려 어떤 토대 위에서 인식과 이론이 가능하게 되었는가를 재발견하는 데 그 목적을 두는 탐구이다. 다시 말해서 그것은 어떤 질서의 공간 내에서 지식이 구성되었으며, 어떤 '역사적 선험'[5]에 근거하여, 그리고 어떤 실증성의 영역 내에서 관념이 출현했고, 학문이 구성되었으며, 경험이 철학 내에서 반성되었고, 합리성이 형성되었으며, 그리고 얼마 후에 해체되고 소멸해 버렸는가를 탐구한다. 푸코가 밝히고자 하는 것은 과학론적 영역, 다시 말해서 합리적 가치나 객관적 형태에 의존하는 모든 규준에서 벗어나 관찰되는 인식이 자신의 실증성에 근거를 두고 있고, 따라서 한 역사, 즉 점차적인 완성화의 역사가 아니라, 오히려 그 가능성의 조건이 역사를 분명하게 드러낼 수 있는 영역인 '에피스테메épistémé'(인식의 무의식)이다. 이 말에서 표명되어야 할 것은 지식의 '공간' 내부에서 경험적 인식의 다양한 형태를 야기시켰던 배치에 대한 것이다. 그러한 기획은 그 단어의 전통적인 의미에 있어서 역사라기보다는 '고고학'이라고 말할 수 있다.

이 고고학적 분석은 고전주의 시대에 있어서 재현(표상

representation)의 이론, 언어의 이론, 자연의 질서의 이론과, 부 및 가치의 이론 사이에 실재했던 정합성을 보여 줄 수 있었다. 19세기 이후로 완전히 변한 것은 이 배치인 것이다. 사물이 점차 반성되고 자신의 전개 과정 속에서만 이해 가능성의 원리를 추구하며 재현의 공간을 포기함에 따라, 처음으로 인간이 서구 지식의 무대에 등장하게 된다. 이상하게 들릴지 모르지만, 인간은 틀림없이 사물의 질서 내에서의 일종의 균열에 불과하다. 다시 말해서 인간은, 최근에 그가 지식의 무대에서 차지한 새로운 위치에 의해 그 윤곽이 결정되는 배치에 불과하다. 이와 같은 이유로부터 새로운 인간주의에 대한 환상들이, 즉 '인간학'에 대한 경시가 비롯되었으며, 이때 인간학은 인간에 대한 일반적인 반성으로 이해되었다. 그러나 인간이 최근의, 즉 아직 2세기도 채 되지 않은 하나의 형상에 불과하며, 우리의 지식 내의 단순한 하나의 주름에 불과하다는 사실과 그 지식의 새로운 형태가 발견되자마자, 인간은 다시 사라지게 될 것이다.[6]

## 1. 재현의 질서

우리가 바로크라고 부르는 시대인 17세기의 초두부터 사고는 16세기의 유사 관계의 영역에서 활동하지 않게 된다. 이제 유사성은 지식의 형식이 아니라 오류의 계기로 변한다. 말하자면 유사성이란 불명료함을 발생시키는 혼돈의 영역을 세밀히 살펴보지 않을 때 빠지는 위험에 불과하게 된 것이다. 유사성의 시대는 거의 폐쇄된다. 이제 유사성의 배후에는 유희밖에 남지 않게 된 것이다. 또한 불가사의한 매력을 지닌 이 유희는 유사와 환각 사이의 새로운 유대 관계로 성장하는 것이다. 유사 관계의 망상들은 도처에서 나타나지만, 사람들은 그것들이 망상임을 안다. 이 시기는 바로 '착시trompe-l'oeil'식의 회화가 지배했던, 희극적 환각이 지배했던, 이중화된 극중극의 무대가 지배했던, 혼동이 지배했던, 꿈과 몽상이 지배했던 시대요, 기만적인 감각들이 지배했던 시대이다.

우리는 이미 베이컨에게서 유사성에 대한 비판을 발견한다. — 이 경험적 비판은 사물들 사이의 질서 관계나 상등 관계에 관한 것이 아니라 이 사물들을 지배하는 정신 형식이나 환각 형식에 관한 것이다. 여기서 문제가 되는 것은 착각에 대한 관점이다. 베이컨은 명증성이나 그것에 부수되는 규칙들을 통해 유사성을 말소하려 하지 않는다. 대신에 그는 우리의 면전에서 희미하게 빛나다가 누군가가 가까이 다가가면 사라지고 얼마 후에 다시 형성되었다가 조금 있으면 사라져 버리는 유사성을 보여 준다. 그러므로 유사성이란 '우상'이다. '동굴의 우상'과 '극장의 우상'은 우리로 하여금 사물들이란 우리가 이내 배운 바 내지는 우리가 우리 자신을 위해 형성했던 이론과 유사하다고 믿게 만든다. 나머지 두 개의 우상은 우리로 하여금 사물들이 그것들 간의 유사성에 의해 연결되어 있다고 믿게 만든다.

'종족의 우상'도 마찬가지로 정신의 자발적인 허구인데, 여기에는 언어의 혼동이 어떤 경우에는 결과로서, 어떤 경우에는 원인으로서 첨가된다. 즉 동일한 이름이 동일한 본성을 갖지 않는 사물들에 무차별적으로 적용될 수 있는데, 이것이 바로 '시장의 우상'이다. 만일 정신이 자신의 성급하고도 경솔한 본성과 결별하고 자연의 고유한 차이들에로 '침투해 들어가서' 결국 그 차이들을 인식할 수 있으려면, 정신은 오직 신중함을 통해 그 우상들을 분쇄하지 않으면 안 된다.

유사성에 대한 데카르트적인 비판은 다른 형태를 취한다. 데카르트의 비판은 16세기의 사고가 아니다. — 16세기의 사고는 이미 자체 내에서 동요되기 시작했고, 자체의 가장 친숙한 형상들과 절연되기 시작했던 것이다. 그것은 고전주의 시대의 사고라고 할 수 있겠는데 그 이유는 그것이 지식의 근본적인 경험이자 본원적 형태로서의 유사성을 배제하면서 유사성을 동일성과 차이, 계량과 질서의 견지에서 분석되어야 할 혼합물로 격하시키고 있기 때문이다. 비록 데카르트는 유사성을 거부하고 있지만, 그렇게 함에 있어 그는 이성적 사고로부터의 비교 행위를 배제하거나 유사성에 한계를 부과하지는 않는다. 그 반대로 그는 유사성을 보편화하고, 그럼으로써 유사성에 가장 순수한 형식을 부과한다. 사실상 그가 '형태, 연장, 운동, 기타의 것들' —요컨대 단순 속성들— 을 그것들을 함유하고 있는 모든 주제 속에서 발견해 낸 것은 바로 이 비교를 통해서이다. 결국 직관을 제외하면 우리는 오직 한 가지 결론에 도달하게 되는데, 모든 지식은 '둘이나 그 이상의 사물들을 상호 비교함으로써 획득된다'라는 것이 바로 그것이다. 그러나 사실상 순수하고도 사려 깊은 지성의 유일한 행위인 직관을 배제한다든가, 명증적인 것들을 서로 연결해 주는 연역을 배제한다면, 결코 참된 인식에 도달할 수 없다. 그렇다면 어떻게 비교 —거의 모든 인식을 위해 요구되지만, 본래 고립된 명증이나 연역이 아닌— 는 하나의 참된 사고로서의 권위를 지니게 되는 것일까?

비교에는 두 가지 형식, 오직 두 가지의 형식만이 존재한다. 계량적 비교와 질서의 비교가 그것이다. 비교의 두 형식 중에서, 하나는 상등과 부등의 관계를 설정하기 위해 대상을 여러 소단위로 분할하는 것이며, 다른 하나는 발견될 수 있는 것 중에서 가장 단순한 요소를 설정하고는 그것과의 차이의 정도에 따라 다른 요소들을 배열하는 것이다. 우리가 단순한 것에서 발견하는 절대적 성격은 사물의 존재와 관련된 것이 아니라 사물을 인식하는 우리의 태도와 관련된 것이다. 그러므로 한 사물은 어떤 관계에 있어서는 절대적이지만, 다른 관계에 있어서는 상대적일 수 있다. 다시 말해서, 질서는 필연적이요, 자연적(사고와 관련될 때)인 동시에 임의적(사물과 관련될 때)일 수 있다. 왜냐하면, 동일한 사물도, 우리가 그것을 고려하는 방식에 따라 질서 내의 서로 다른 지점에 위치할 수 있기 때문이다.

이 모든 것이 서구의 사고에 가장 거대한 영향력을 행사했다. 오랜 세월 동안 지식의 기본적 범주로서 작용해 왔던 유사성은 이제 동일성과 차이에 입각한 분석에 의해 와해되어 버렸다. 더욱이 비교는 계량의 매개를 통해 간접적으로 그렇게 되었든, 동일 평면상에서 직접적으로 그렇게 되었든 질서의 한 기능이 되었다. 이로써 결국 비교는 세계의 질서의 양태를 드러내는 기능을 더 이상 수행하지 않게 되었다. 왜냐하면, 비교는 이제 사고에 의해 규정된 질서에 따라 진행되면서 자연스럽게 가장 단순한 것으로부터 복잡한 것으로 나아가기 때문이다. 그 결과 서구 문화의 에피스테메 전체는 그것의 기본 배치에 있어 수정을 경험하게 되었다. 푸코는 이 새로운 윤곽을 '합리주의'라고 불러도 좋으리라고 생각한다. 17세기에는 해묵은 미신적 믿음이나 마술적 믿음이 사라졌고 자연이 과학적 질서에 편입되었다고 할 수 있을지도 모르겠다.

## 2. 언어

고전주의 시대에 있어 언어는 지극히 높은 것이면서도 분별 있는 것으로서 존재했다.

지극히 높은 것인 까닭은 단어들이 '사고를 재현하는' 임무와 능력을 갖고 있었기 때문이다. 재현 행위는 엄격한 의미에서 이해되어야 한다. 즉 언어는 마치 사고가 그 자체를 재현하는 것처럼 사고를 재현하고 있다. 언어를 조립한다든가, 내부로부터 언어에 생기를 불어넣는다든가 하기 위해서라면 의미 작용의 행위가 본질적이고 원초적인 것은 아니다. 오히려 재현의 심장부에는 재현의 자기 재현 능력이 존재한다. 다시 말해, 재현은 자체 그 자체를, 부분과 부분을 반성의 눈 아래에 병치시킴으로써 스스로를 분석하는 능력과, 그 재현의 연장인 대체물의 형식 속에서 스스로를 분석하는 능력과, 그 재현의 연장인 대체물의 형식 속에 스스로를 위탁하는 능력을 갖는 것이다. 고전주의 시대에 있어 재현에 주어지지 않는 것은 아무것도 없다. 그러나 바로 그러한 사실 때문에 그 자체와 거리를 두고 있는 재현, 즉 그 자체와 등가물인 다른 재현 속에서 이중화되고 반영되는 재현의 작용에 의해서가 아니라면, 어떤 기호도 나타난 적이 없고 어떤 말도 이야기된 적이 없으며, 어떤 단어와 명제도 내용을 지시한 적이 없다. 재현은 자기에게 의미를 부여해 주는 세계 속에 뿌리박고 있지 않다. 재현은 스스로의 힘으로 자기 고유의 공간을 열고 있으며, 그 공간 내부의 그물 조직은 스스로 의미를 생성해 내고 있다. 재현이 스스로의 힘으로 만든 바로 이 폐쇄된 공간 속에 언어가 존재한다. 그러므로 단어들은 그 바깥쪽에서 사고를 복사하고 있는 엷은 막을 형성하지 않는다. 그것들은 무엇보다도 안쪽으로부터, 다른 재현들을 재현하고 있는 모든 재현 사이에서, 사고를 상기하며 사고를 지시한다. 고전주의 시대의 언어는 일반적으로 생각되고 있는 것보다는 훨씬 더 사고 —언어가 표현해야 할— 에 근접해 있다. 그러나 언어는 사고와 평행을 이루고 있는 것이 아니라 사고의 그물망에 걸려 있으며, 자기가 실밥을 풀어내고 있는 바로 그 헝겊에 짜여져 있다. 언어는 사고의 외면적 결과가 아니라 사고 그 자체였던 것이다.

이러한 이유로 해서 언어는 불가시적으로 되거나 최소한 그에 가깝게 된다. 그러나 언어는 표상에 대해 매우 투명했기 때문에 언어의 존재 그 자체는 문제 될 것이 없다. 이제 언어는 더이상 표지라는 수수께끼 속에 은폐된 채 나타나지 않고 있다. 그러므로 극단적인 견해를 취한다면 고전주의 시대의 언어는 존재했던 것이 아니라, 단지 작용했을 뿐이라고 말할 수도 있겠다. 즉, 언어의 전 존재는 언어의 재현적 역할 속에 자리 잡고 있으면서 단지 이 역할로만 엄격히 제한되며, 결국은 이 역할 속에서 소진돼 버리고 만다. 언어는 표상 밖에서 다른 장소라든가 다른 가치를 지닐 수 없었다. 언어는 그 심연 속에서만 형성될 수 있었던 것이다.

## 3. 분류

### 역사가들의 말

사상의 역사라든가 학문의 역사는 신선한 호기심을 갖고 17세기와 18세기를 기록하고 있다. 이 호기심은 비록 그것들로 하여금 생명과학을 발견하게 하지는 못했지만, 적어도 그것들에게 당시까지 배려되지 않았던 시야와 엄밀성을 제공해 주었다. 이러한 현상에 대해서는 몇 가지 원인들이 부과되었고 본질적인 규명도 다양하게 이루어졌다.

기원이나 동기의 측면에서는 관찰에 대해 새로운 특권이 부여되었음이 지적된다. 관찰은 베이컨 이래로 매우 강력한 힘을 갖게 되었으며, 현미경의 발명 성과가 도입됨으로써 관찰은 기술적 개량을 이룰 수 있었다는 것이다. 합리성의 모델을 제공했던 물리학이 당시에 주었던 신선한 충격도 이에 덧붙여 계산된다. 그러니까 실험과 이론에 의해 운동의 법칙이라든가 빛줄기의 반사를 지배하는 법칙 같은 것들을 분석할 수 있다면, 생물이라는 좀 더 복잡하지만 인접해 있는 영역을 지배하는 법칙도 역시 실험이나 관찰이나 계산에 의해 당연히 찾아낼 수 있지 않겠느냐는 것이다. 역사가들의 말에 따르면, 줄곧 장애물로 간주되었던 데카르트의 기계론도 비로소 일종의 응용 수단으로써 사용되었으며, 따라서 그 자체의 본래적 의도와는 무관하게 기계론적 합리성으로부터 생물이 지니고 있는 합리성으로 나아갔다는 것이다. 한편 원인의 측면에서 사상가들은 새로운 다양한 관심들을 뒤죽박죽으로 나열하고 있다. 농업에 대한 경제적 관심이라든가, 경제와 이론 중간에서의 외국산 동식물에 대한 호기심이라든가, 무엇보다도 자연에 대한 윤리적 평가라든가 하는 것들이 바로 그것이다.

그러므로 역사가들은 자신들이 규명해 낸 목록 가운데 생명에 관한 새로운 학문들의 제 형식과 그 학문들을 지도했던, 이른바 '정신'을 포함시킨다. 이 학문들은 그 출발에 있어서는 데카르트의 영향으로 기계론적이었음이 분명하며, 17세기 말까지는 계속 그러했다. 그 시기에는 초보적인 단계의 화학의 최초의 노력이 그 학문들에 영향을 주기도 했다. 그러나 18세기를 지나면서 특권적인 위치를 차지하게 된 것은 생기론적인 주제들인데, 이 주제들은 결국 하나의 통일된 학설로 정식화된다. 약간의 이론적 차이에도 불구하고, 공통된 질문들이 제기되었던 것이다. 이 질문들은 항상 동일하게 제기되지만 시대에 따라 다르게 대답되는 그런 질문들이었다. 즉, 생물을 분류할 수 있는 가능성에 관한 질문(어떤 사람들은 린네처럼 자연 전체를 하나의 분류법으로 파악하려 했다)과, 생식 과정에 관한 질문과, 여러 기능(하비 이래의 혈액 순환의 기능, 감각의 기능, 신체 에너지의 기능, 세기 말에는 호흡의 기능)에 관한 질문들이 제기되었다.

　역사가들은 이러한 문제점들과 그 문제점의 해결을 위한 논의들을 검토한 후에, 거대한 논쟁들을 간단하게 재구성한다. 역사가들은 그렇게 함으로써, 각각의 형상과 그 운동의 배후에서 작용하는 신의 섭리라든가 신의 뜻의 단일성과 비의성과 통찰력을 발견하고자 하는 신학과, 이내 자연의 자율성을 규정하기 시작한 과학 사이의 큰 갈등에 대한 흔적들을 발견할 수 있다고 믿는다. 또한 역사가들은 천문학, 역학, 광학처럼 과거의 명성에 집착하는 학문과 생명의 영역에 존재할 수 있는 환원 불가능하며 특수한 내용들 모두를 이제 막 검토하기 시작한 학문 사이의 모순도 인식한다. 결국 역사가들은 린네처럼 자연의 부동성을 믿는 사람들과, 디드로처럼 이미 생명의 창조력, 생명의 마르지 않는 변형 능력, 생명의 가역성, 우리 자신을 포함한 모든 생명의 산물들을 아무도 주인이 될 수 없는 시간 속에 전개시키는 생명의 운동 같은 것들을 예감하기 시작한 사람들 사이의 대립을 발견한다. 그들에게는 진화에 관한 위대한 논쟁이 다윈이나 라마르크보다 훨씬 전에 이미 『달랑베르의 꿈』에 의해 개진되었던 것처럼 보일 것이다. 서로를 지탱해 주면서도 끊임없이 반목했던 기계론과 신학은 고전주의 시대를 될 수 있으면 데카르트와 말브랑슈 가까이에 근접시키려는 경향이 있었다. 그러나 기계론과 신학의 건너편에 있는 반종교 사상과 생명에 관한 막연한 직관 —디드로처럼 복합성 속에서 발생했던— 은 고전주의 시대를 곧 다가올 미래, 즉 19세기로 이끌고 있었다고 이야기된다. 그래서 19세기는 18세기의 아직 불투명하고 속박되어 있었던 노력에 힘입어 실증적, 합리적인 생명과학을 완성시킬 수 있었으며, 이 생명과학은 생물의 특수성이라든가, 우리의 인식대상인 생물들과 그것들을 인식하려고 하는 우리 사이를 오가고 있는 숨겨진 온기 같은 것들을 재빠르게 파악하기 위해 합리성을 희생시킬 필요도 없었다고 가정된다.

## 자연의 담론

문제가 되는 것은 지식의 근본적인 배치, 즉 제 존재에 대한 인식으로 하여금 그 존재들을 이름의 체계 속에서 재현할 수 있도록 해 주는 지식의 배치에 관한 것이다. 우리들이 오늘날 생명이라고 부르는 이 영역에는 분류를 위한 노력 이외의 많은 탐구가, 동일성과 차이에 대한 분석 이외의 다른 많은 분석이 존재했음에 틀림없다. 그러나 이러한 탐구와 분석들은 모두 일종의 역사적 선험에 근거했으며, 이 선험은 탐구 및 분석의 산재성과 개별적인 계획들을 정당화해 줌으로써 이들에 근거하는 여러 가지 상이한 견해를 촉발했던 것이다. 선험은 수수께끼와도 같은 수많은 구체적 현상이 항상 인간의 호기심에 불러일으키는 끊임없는 문제들로 구성되지도 않으며, 그렇다고 해서 앞선 시대에 획득되어 다소간 불규칙적이며 급속히 진행되는 합리성의 진보에 대해 근거를 제공해 주는 기존의 지식으로 구성되지도 않는다. 심지어 이 선험은 이른바 어떤 주어진 시대의 정신 상태나 '사고의 틀'에 의해 결정되는 것도 아니다. 이 선험은 어떤 주어진 시기에 있어, 경험의 전제 가운데 인식 가능한 영역을 정하고, 그 영역에서 나타나는 대상들의 존재 양태를 규정하며, 인간의 일상적 시선을 이론적인 힘으로 무장시켜 주고, 참이라고 인식된 사물들에 대해 인간이 하나의 담론을 기술할 수 있는 여러 가지 조건을 규정하는 그 무엇이다.

'분류학'이 가능하려면 자연은 실로 연속적이어야 하며, 충만해 있어야 한다. 언어가 인상 간의 유사성을 요구했다면 분류는 사물들 사이에 가능한 한 최소한의 차이의 원리를 요구한다. 그러므로 명명의 근거에서 나타난 기술과 배열 사이에 남아 있는 틈새를 메우는 이 연속성은 이제 언어 이전의 언어의 조건으로서 상정된다. 연속성은 정련된 언어의 토대를 제공해 줄 수 있을 뿐 아니라, 모든 언어에 대해 일반적인 변명을 제공해 줄 수 있기 때문이다. 자연의 연속성으로 인해 기억이 활용될 수 있는 기회가 온다는 것은 틀림없는 사실이다. 이는 어떤 재현이 어느 정도 혼동되고 잘못 지각된 동일성에 의해 다른 재현을 회상해 냄으로써 양자에게 보통명사(공통의 이름)라는 자의적인 기호를 적용할 수 있게 해 줄 때 그러하다. 생명은 물질의 가장 단순한 입자 속에 있는 것으로 인식될 것이다. 그러나 린네처럼 좀 더 번잡하고 복잡한 특징에 의해 생명을 규정하는 경우에는 그것을 계열상의 좀 더 높은 곳에 두지 않을 수 없다. ─ 린네는 그의 규준을, 탄생(씨앗이나 싹에 의한), 영양 섭취(흡수에 의한), 노화, 외부에서의 운동, 내부에서의 체액의 순환과 질병과 죽음, 도관과 선腺과 표피와 포낭의 존재 등으로 삼았다. 생명은 일종의 명백한 문턱, 그러니까 거기를 넘어서면 전혀 새로운 지식이 요구되는 경계선 같은 것을 구성하지 않는다. 생명은 아직 여타의 범주들과 마찬가지로, 어떤 규준을 택하느냐에 따라 상대적인 분류의 범주일 뿐이다. 그래서 경계를 어떻게 정하느냐는 문제가 발생하자마자 이내 일종의 불명료성에 빠져든다.

18세기 말에 이르면 하나의 새로 배열된 지형이 나타난다. 한편에서는 비판이 자기의 위치를 변화시키면서 자기가 나온 기반으로부터 떨어져 나가는 것을 볼 수 있다. 흄에 있어서는 인과성의 문제가 유사 관계에 관한 일반적 고찰 가운데 한 가지 경우로 취급되었던 데 반해, 칸트는 인과성을 분리함으로써 문제를 역전시킨다. 말하자면, 이전에는 인과성의 문제가 유사성의 연속적 배경 위에서 동일 관계나 차이 관계를 설정하는 문제였던 데 반해, 칸트는 그 역으로 차이나는 것들의 종합이라는 새로운 문제를 제기한 것이다. 그럼으로써 비판의 문제는 개념으로부터 판단에로, 종속種屬의 실재(재현들의 분석에 의해 획득된)로부터 재현 상호 간을 종합하는 가능성에로, 명명하는 권리로부터 주사–빈사 관계의 기초를 마련하는 것에로, 이름에 의한 분절화로부터 명제 자체와 이 명제를 성립시켜 주는 'be'라는 동사에로 그 비판의 방향을 바꾸게 되었다. 이제 비판의 문제는 완전히 일반화된다. 비판은 이제 자연 및 인간 본성과의 관계에 적용될 때에만 유효성을 갖는 대신에, 모든 인식의 가능성 그 자체에 질문을 던지기 시작한 것이다.

그러나 같은 기간 동안, 다른 한편에서는 생명이 분류의 개념들에 대해 자기의 자율성을 주장하기 시작한다. 이제 생명은 18세기의 자연 인식을 구성했던 그 비판적 관계로부터 벗어나는 것이다. 여기서의 벗어난다는 것은 두 가지 의미를 갖는다.

우선 생명은 다른 것과 마찬가지의 인식대상으로 되며, 이 점에서 비판 일반에 귀속된다. 그러나 다른 한편에서 생명은 자기가 양도한 이 비판적인 재판권에 저항하면서, 자기 나름대로 모든 가능한 지식과 관계를 맺는다. 그러므로 19세기를 거치면서 칸트로부터 딜타이, 베르그손에 이르기까지, 비판적인 사고 형식과 생명의 철학은 상호 경쟁 및 교류의 관계 속에서 마주서게 된다.

## 4. 교환

### 부富와 유용성

고전주의 시대에는 생명도, 생명과학도, 문헌학도 없었다. 마찬가지로 정치경제학 역시 없었다. 왜냐하면, 지식의 질서 내에는 생산이 존재하지 않았기 때문이다. 물론 17, 18세기의 어떤 관념은 오늘날의 우리에게도 익숙하다. ─ 그것이 우리에게 본질적인 면에서 명확하게 드러나고 있는 것은 아니다. 그러나 이때는 아직 어느 누구도 '관념'을 표현하지 않고 있다. 왜냐하면, 관념이란 경제학적 개념들의 상호작용 내에서 발생하는 것이 아니라, 오히려 그 개념들의 의미를 어느 정도 바꾼다든가 그 개념들의 적용 영역을 잠식해 들어감으로써 그 개념들을 전위시킬 수 있는 것이기 때문이다. 그러므로 문제가 되는 것은 좀 더 일반적인 영역, 말하자면 가치, 가격, 상업, 교통, 수익, 이자 등의 부분적인 개념들을 포괄하고 있는 매우 정합적이며 잘 이루어진 층이다. 고전주의 시대에 있어 소위 '경제학'의 토대이자 대상이었던 이 일반적 영역은 바로 '부'의 영역이다. 이 영역에 대해 다양한 형태의 경제학에서 제기되는 문제들을 적용하는 것은 쓸모없는 일이다. 마찬가지로 그 영역에서의 다양한 개념들을 분석하기 전에 먼저 그 개념들의 실증성이 토대가 되었던 체제를 설명하지 않는다면 이 분석 역시 무용하다.

고전주의 시대의 부의 분석이 스스로를 정립해 가는 시험적인 과정 속에 오늘날의 정치경제학으로 통합될 수 있는 요소들이 있다고 해서 이 요소들을 회고적으로 해석해서는 안 된다. 사실상 17, 18세기에 있어 화폐, 가격, 가치, 유통, 시장 등의 개념은 그림자에 가려진 미래의 견지에서 간주되었던 것이 아니라, 엄격하고 일반적인 인식론적 배치의 일부로서 간주되었다. '부의 분석'을 필연적으로 가능하게 한 것은 바로 이 배치이다.

우리가 화폐, 가격, 가치, 상업의 분석을 연결시켜 주는 필연적 관계를 발견해 내려면, 먼저 그것들의 동시성의 장소, 즉 이 부의 영역을 명백히 밝혀야 할 것이다.

왜냐하면, 화폐, 상업, 교환에 관한 반성은 어떤 실천을 전제하며 여러 제도와 연관되어 있기 때문이다. 그러나, 실천과 순수한 사색은 상호 대립적인 위치에 있음에도 불구하고, 그 근본에 있어서는 동일한 인식론적 토대에 기초해 있다. 화폐 개혁이라든가, 은행의 관습이라든가, 상업상의 관행은 그들 나름의 고유한 형식에 따라, 합리화될 수 있고 발전할 수 있으며, 유지되거나 소멸될 수 있다. 말하자면 그러한 것들은 모두 일종의 지식을 기반으로 성립되어 있는 것이다. 물론 이 모호한 지식이 그 자체로서 담론 속에 명백히 드러나 있는 것은 아니다. 그러나 이 지식의 필연성만큼은 추상적 이론들이라든가 현실과의 명백한 관계를 가지지 않은 사색들과 항상 동일하다. 어떤 주어진 문화, 주어진 시점에는 오직 하나의 '에피스테메'만이 존재하면서 모든 지식의 가능 조건을 규정하고 있다. 그러므로 우리가 밝혀야 할 것은 바로 지식에 있어서의 이러한 근본적인 필연성이라고 할 수 있겠다.

콩디야크, 드트라시 등의 분석의 출발점은 교환 과정에서 주어지는 어떤 것이 아니라 인간이 받아들이는 어떤 것이다. 그러나 실제로 인간이 받아들이는 어떤 것이란 그것을 필요로 하거나 요구하는 사람의 관점에 의해서도 동일하게 분석될 수 있다. 한편 이러한 관점은 자신이 평가하기에 보다 유용하고, 보다 가치 있는 다른 사물을 획득하기 위해 자기가 소유하고 있는 것을 포기하는 데 동의하는 사람의 관점이라고 할 수 있다. 중농주의자들과 그 반대자들(효용론자들)은 사실상 동일한 이론적 영역을 서로 반대 방향에서 고찰하고 있을 뿐이다. 즉 중농주의자들의 물음은 어떤 조건하에서 재화가 교환 체계 내에서의 가치로 될 수 있냐는 데 집중하며, 효용론자들의 물음은 가치 평가상의 한 판단이 어떤 조건하에서 동일한 교환 체계 내에서의 가격으로 변형될 수 있냐는 데 집중한다. 여기서 우리는 다음과 같은 사항들을 쉽게 이해할 수 있다. 중농주의자들과 효용론자들의 분석이 왜 그토록 유사하며 때로는 상보적이기조차 한가, 캉티용의 경우는 왜 중농주의자의 선구자로 간주되는 동시에, 효용주의자로 간주되는가, 튀르고는 왜 중농주의이론에 충실했으면서도 갈리아니에 그토록 접근해 있는가. 이러한 까닭들을 이해할 수 있는 것이다.

이제 우리는 중농주의자들과 그 반대자들이 이론적인 요소에 있어서는 동일했다는 사실을 납득할 수 있을 것이다. 기본적인 명제는 양자에게 공통적이다. 말하자면 모든 부는 토지에서 나온다는 것, 사물들의 가치는 교환과 연결되어 있다는 것, 화폐는 유통 과정에서의 부에 대한 재현으로서 가치를 지닌다는 것, 유통 회로는 가능한 한 단순하고 완결되어 있다는 것 등의 명제들이 그렇다. 그러나 이러한 이론적 선분들은 중농주의자들과 '효용주의자들'에 의해 서로 역순으로 배열된다. 이와 같은 상이한 배열의 결과로, 한 이론에서 적극적인 역할을 하고 있는 것이, 다른 이론에서는 부정적인 역할을 하게 된다. 좀 더 간단히 말하자면, 중농주의자들은 지주 계층을 대변했고 '효용주의자들'은 상인 및 기업가 계층을 대변했다고 할 수도 있을 것이다. 그러나, 비록 어떤 사회집단의 구성원이 된다고 하는 것이 항상 왜 그 인간이 다른 사고 체계가 아닌 그 사고 체계를 선택했는가를 설명할 수는 있지만, 그러한 사고 체계를 가능하게 해 주었던 조건이란 그 사회집단의 내부에만 존재하지는 않는 법이다. 여기서 우리는 두 가지 수준의 연구 태도를 조심스럽게 구분할 필요를 느낀다. 그 첫 번째 연구 태도는 다음과 같은 문제들을 해명하고자 하는 제 의견을 검토하는 태도이다. 즉 18세기에 있어서 중농주의자였던 자는 누구이며 반중농주의자였던 자는 누구인가라든가, 어떤 이해관계가 걸러 있었던가라든가, 논쟁점과 각자의 주의 주장은 무엇이었던가라든가, 세력 다툼은 어떻게 진행되었던가와 같은 문제들에 관한 제 의견을 검토하는 연구 태도이다. 두 번째 연구 태도는 관련된 인물이라든가 그들의 전기를 생략하고는, '중농주의적' 지식과 '효용주의적' 지식을 정합적이며 동시적인 형태로 사고할 수 있게 해 주는 조건들을 규정하는 연구 태도이다. 고고학을 용인할 수 있고 실천할 수 있는 태도는 바로 후자이다.


**욕망과 재현**(사드)

비록 재현의 분석, 언어의 분석, 자연의 질서에 대한 분석, 부의 분석 등의 제 분석은 서로에 대해 완전히 정합적이며, 동일적이지만, 여기에는 거대한 불균형 역시 존재한다. 그 까닭은 언어의 존재 양태와 자연의 개체들의 존재 양태와 필요의 존재 양태가 재현에 의해 지배되고 있기 때문이다. 그러므로 재현의 분석은 모든 경험적 영역에 대해 결정적인 가치를 지닌다. 고전주의 시대의 질서의 체계 전체는 재현이 스스로를 재현할 때 그 재현 내부에서 열리는 공간 내에서 전개된다. 존재와 동일자는 그 공간 내에 거주한다. 언어란 단어들의 재현에 불과하고 자연이란 존재들의 재현에 불과하며, 필요한 욕구들의 재현에 지나지 않는다. 따라서 고전주의적 사고의 종언은 재현의 몰락과 맥을 같이한다. 말하자면 언어와 생명체와 욕구가 재현으로부터 해방된 것과 그 맥을 같이하는 셈이다. 그럼으로써 언어 사용에 있어서 민중의 모호하면서도 완고한 정신이라든가 생명의 격렬함과 부단한 노력이라든가, 욕구의 숨어 있는 힘은 모두 재현의 존재 양태로부터 벗어날 수 있었다. 반면에 이 재현은 의식의 형이상학적 이면에 자리 잡은 자유나 욕망이나 의지의 강력한 추진력과 평행을 이루면서 그 힘에 의해 제한되기도 하고 포위되기도 하며 조롱당하기도 한다. 그러나 어떤 경우든 간에 분명한 점은 재현이 외부에 의해 통제된다는 사실이다. 의지라든가 힘과 같은 것들은 모던한 체험을 통해 출현할 수 있었다. ─ 한편 이러한 모던한 체험은 재현 그 자체를 기호화하면서 사물 내부에 잠들어 있던 질서를 단어들의 연속 계열 속에서 언표했던 재현적 담론의 통치, 혹은 재현의 왕조가 고전주의 시대의 종언과 함께 종말을 고했다는 사실을 나타내는 것이기도 하다.

이러한 역전은 사드의 시대에 발생한다. 달리 말하면, 사드의 불후의 작품이 욕망이라는 법칙 아닌 법칙과 담론적 재현의 세심한 질서화 사이의 불확실한 균형을 보여 주고 있다고 말하는 편이 나을지도 모른다. 여기서 담론의 질서는 그 한계와 법칙을 발견한다. 그러나 담론의 질서는 아직 그것을 지배하는 어떤 것과 공존할 수 있을 만큼의 힘을 지니고 있다. 의심할 바 없이 여기에는 '자유연애'의 원리가 남아 있다. 이 원리는 서구 세계에서 마지막 것이었다(이후에는 성의 시대가 시작된다). 이때의 자유연애자란 욕망의 모든 환상과 온갖 광포함에 빠져 있으면서도, 자기의 가장 사소한 활동까지도 하나의 선명하고 의도적으로 계획된 재현에 의해 조명할 수 있고 해야 하는 인물을 말한다. 자유연애생활은 엄격한 질서에 의해 지배되고 있다. 다시 말해, 모든 재현은 생동하는 육체의 욕망을 통해 즉각적으로 생기를 부여받아야 하며, 모든 욕망은 재현적인 담론이라는 순수한 빛을 통해 언표되어야 한다. 그러므로 '장면'과 '장면'은 엄격하게 계기적이며(사드에 있어서의 그 장면은 재현의 질서에 따르는 자유연애이다), 이 장면들 내부에서는 육체들의 결합과 영혼들의 연쇄 사이의 조심스러운 균형이 이루어진다. 아마도 모던 문화로 들어서는 문턱에 『쥐스틴』과 『쥘리에트』가 서 있다 할 것이다. 여기서 문제 되는 것은 재현의 한계를 분쇄하고 있는 어둡고도 반복적인 욕망의 폭력이다. 쥐스틴은 무제한적인 욕망의 대상이자 그 욕망의 순수한 기원이기도 하다. 그녀의 경우, 욕망과 재현이 교류하기 위해서는 그 여주인공을 욕망의 대상으로 재현하는 '타자'의 등장이 필수적이다. 그렇지만 그녀 자신은 가볍고, 멀고, 외적이며, 얼음처럼 차가운 재현 형식의 욕망만을 알고 있을 뿐이다. 그녀의 불행은 바로 여기에 있다. 즉, 그녀의 순진함은 욕망과 욕망의 재현 사이에서 항상 제삼자로 작용하고 있는 것이다. 반면에 쥘리에트의 경우에는 가능한 모든 욕망의 주체이다. 이 모든 욕망은 하나도 남김없이 재현으로 흡수되며, 재현은 그 욕망들에게 '담론'으로서의 합리적인 토대를 마련해 줌과 동시에 그것들을 '장면들'로 변형시킨다. 그러므로 쥘리에트의 생애에 대한 위대한 해설은 욕망, 폭력, 잔학 행위, 죽음을 차례로 거치면서 찬연히 빛나는 재현의 표를 제시한다. 그러나 이 표는 너무 얇고 욕망의 비유 형상들 모두에 대해 너무 투명하기 때문에 부조리하다. 『쥘리에트』에서는 욕망의 모든 가능성이 조금도 빠진 것이 없이, 약간의 침묵도 없이, 전혀 가려진 것 없이 표층에 떠올라 있다. 사드는 고전주의 시대의 담론 및 사고의 종말에 도달해 있다. 그는 이 담론과 사고의 경계선상에서 군림하고 있다. 사드 이후에 폭력이라든가, 생과 사라든가, 욕망이라든가, 성격 같은 것들은 재현의 하부에 거대한 그림자층을 형성하게 된다.

## 5. 재현의 한계

### 역사의 시대

18세기 말은 불연속성에 의해 단절된다. 인식론적 배치의 이 돌연한 변동은 어디서 왔던 것일까? 실증적인 영역에서의 존재 상호 간의 차이라든가 실증적인 영역에서의 존재 양태의 변화는 어디서 왔던 것일까? 사고가 이전의 친숙한 영역으로부터 멀어지는 일이 어떻게 일어날 수 있으며, 불과 20년 전에만 해도 밝은 인식의 공간 속에 자리 잡고 있었던 것이 어떻게 오류의, 망상의, 비지식의 영역으로 지각되거나, 기술되거나, 표현되거나, 특정화되거나, 분류되거나, 인식될 수 없다는 사실과, 이제 단어와 단어 사이의 간극 속에서라든가 단어들의 투명성에 의해 인식되는 것은 부와 생물과 담론이 아니라, 그것들과는 전혀 다른 존재들이라는 사실을 결정하고 있는 이러한 변동들은 어떤 내력을 지니며 어떤 법칙에 따르는 것일까?

종국적으로 고고학이 제시하려 하는 것은 다음과 같은 사실들이다. 즉, 지식의 전 공간은 이제 더 이상 동일성과 차이의 공간도, 양적이지 않은 질서의 공간도, 보편적 특정화의 공간도, 일반적 분류법의 공간도 아니요, 유기체들에 의해 구성되는 공간이라는 사실이다. 이 공간은 총체에 의해 한 가지 기능을 수행하는 요소들 사이의 내적 관계로 구성된다. 고고학은 이러한 유기적 구조들이 불연속적이라는 사실과, 따라서 그 구조들은 동시적인 것들로 매끄럽게 연결된 표를 형성하는 것이 아니라, 일부만이 동일 평면상에 있고 나머지 일부는 연속 계열이나 선 모양의 계열을 형성한다는 사실을 보여 줄 것이다. 이러한 경험적 영역들의 공간을 조직화하는 원리로서 유비와 계기가 출현하는 것은 바로 이 시점에서이다. 이 시점에서 한 유기체 구조와 다른 유기체를 연결시켜 주는 것은 한두 요소들의 동일성이 아니라, 제 요소 사이의 관계 내지 제 요소가 수행하는 기능에 있어서의 동일성인 것이다. 물론 이 유기체들도 어떤 경우에는 상호 인접적일 수기 있다. 그러나 여기서의 상호 인접적이라는 말은 한 분류 공간 내에서 서로 가까운 위치를 점하고 있다는 말이 아니라, 양자가 계기적인 생성 과정에서 동시적으로 형성되었거나 미소한 시차를 두고 형성되었다는 말이다. 19세기 이후로는 개개의 유기체를 서로 연결시켜 주는 유비 관계가 역사에 의해 시간적 계열 속에서 전개된다. 역사는 유비적인 유기체들에게 '장소를 제공한다'고 말할 수 있겠다.

이러한 의미에서의 역사가 발생한 그대로의 계기적인 사건들에 대한 편집으로서 이해될 수 없음은 명백하다. 역사는 경험적 영역들의 종국적인 존재 양태로서, 이들 제 영역이 역사에 의해 긍정되고 배열되며, 다양한 학문 분야로 활용될 수 있도록 지식의 공간 내에 분포된다. 19세기 이후에 역사는 경험적인 것의 출생 장소, 즉 기존의 모든 시간적 계기에 선행하여 경험적인 것이 자기에게 고유한 존재를 이끌어 내는 장소를 규정하고 있다. 역사가 인간이 통제할 수 없는 양의성에 의해 이

내 두 방향으로 분화되는 까닭은 아마도 여기에 있을 것이다. 그리하여 한 방향은 사건에 대한 경험적 학문으로, 다른 한 방향은 모든 경험적 존재 내지 인간이라는 특이한 존재에 대해 그들의 운명을 지정해 주는 하나의 근원적인 존재 양태로 나아가게 된다. 주지하다시피 역사는 우리의 기억의 영역에 있어 가장 박학적인 것이며, 가장 고시 古示적인 것이며, 가장 각성된 것이며, 아마도 가장 풍부한 것임에 틀림없다. 그러나 동시에 역사는 깊은 심연과도 같아서 모든 존재는 그곳으로부터 자기들의 불확실하면서도 번쩍이는 실존을 건져 내기도 한다. 역사가 우리의 사고에 있어 필수 불가결한 요소로 되었던 까닭은, 그것이 우리의 경험상에 주어진 모든 것의 존재 양태이기 때문이다. 19세기의 철학은 역사와 '절대역사Histoire'(예를 들면, 헤겔의 '절대정신사')와의, 사건들과 '기원'과의, 진화와 최초의 출발점과의, 망각과 '회귀'와의 간극 속에 자리 잡는다. 여기서 필연적으로 철학은 역사를 갖는다는 것이 무엇을 의미하는가에 관한 물음에 집중하게 된다. 이 문제는 헤겔에서 니체와 그 이후에 이르기까지 철학을 쉴 새 없이 압박했던 문제였다.

어쨌든, 고전주의 시대의 지식의 실증성이 해체되고 그 대신

오늘날까지도 모습을 완전히 드러내지 못한 또 다른 실증성이 성립된 것은 서구 문화에 발생했던 가장 근본적인 사건 가운데 하나라고 할 수 있다. 이 사건은 아직 우리가 그 와중에 있기 때문에 오늘날의 우리로서는 거의 파악하기 힘들다. 이 사건의 규모, 이 사건이 영향을 미친 지층의 깊이, 이 사건에 의해 해체되고 재구성된 모든 실증적 영역, 이 사건으로 하여금 단지 몇 년 동안에 우리 문화의 전 공간을 관통할 수 있도록 만든 지고한 힘, 이 모든 것이 측정되고 평가될 수 있으려면 우리들의 모더니티 그 자체에 대해 무한에 가까운 탐구가 선행되어야 한다. 이러한 현상 전체는 어느 정도 확정된 연대 사이에서 발견된다. 상한점은 1773년이고 하한점은 1825년이다.

### 존재의 유기체적 조직

18세기에 분류가들이 특징을 설정했던 방법은 가시적 구조를 비교하는 방법이었다. 말하자면 질서화하는 원리에 따라 선택된 각각의 요소들은 나머지 다른 요소들을 재현하는 데 사용될 수 있다는 이유에서 동질적인 요소들을 서로 관련시키는 방법이었다. 차이라고 해 봐야, 재현적 요소들이 체계주의자들의 경우에는 처음부터 고정되어 있었던 것인 반면에 방법주의자들의 경우에는 점진적인 대결 과정을 통해 점차적으로 형성된 것이었다는 사실밖에 없었다. 그러나 이때에도 기술된 구조로부터 분류상의 특징에로의 이행은 전적으로, 가시적인 것이 그 자체에 대해 수행하는 재현적 기능의 수준에서만 발생하는 것이었다. 그러나 쥐시외Jussieu나 라마르크나 다지르d'Azyr 이후에 있어서의 특징 내지 구조의 특징에로의 변형은 가시적인 것의 영역과는 무관한 원리 ―재현들 간의 상호작용으로 환원할 수 없는 하나의 내적인 원리― 에 토대를 두게 된다. 이러한 원리가(경제의 영역에서의 노동에 해당하는)가 바로 '유기체적 조직'인 것이다.

## 비판철학[7]

칸트는 재현 상호 간의 관계에 의해 토대가 제공하고, 정당화되는 것이 무엇인가를 재현의 수준에서 문제 삼지 않는다. 여기서의 재현은 그 내용상에서 퇴색되어 버렸기 때문에 의식의 수동성의 극한에서는 단순한 감각에 지나지 않는 재현이다. 그가 이 관계를 다루고 있는 방향은 이 관계가 가능하게 하는 것이 일반적으로 무엇인가라는 문제를 향하고 있다. 칸트는 재현 상호 간의 결합 관계를 일종의 내적인 공동화 과정(이 관계를 순수 인상만이 남을 때까지 점차적으로 잘게 부숴서 파내는)에 의거해서 정립하려 하지 않는다. 그는 이 관계를 그것의 보편적으로 유용한 형식을 규정하는 조건들에 의거해서 정립한다. 칸트는 자신의 탐구를 이 방향으로 지향함으로써 재현 자체와 그 재현 내부에 주어지는 어떤 것을 우회하는 동시에, 어떤 형태의 재현에 대해서도 토대를 제공할 수 있는 어떤 것을 제시하기에 이른다. 그러므로 재현은 자기에게 고유한 법칙에 따라 전개될 수도 없으며, 전적으로 동일한 운동 속에서 분해(분석에 의해)되거나 재합성(종합에 의해)될 수도 없다. 단지 경험적 판단과 경험적 확인만이 재현의 내용에 의거할 수 있을 뿐이다. 그 이외의 다른 결합 관계들은 그것들이 보편적일 수 있으려면 반드시 경험의 저 너머에, 즉 그 관계들을 가능하게 하는 '선험성'에 기초해야 한다. 그러나 여기에 하나의 다른 세계가 요구되는 것은 아니다. 문제가 되는 것은 세계 내의 모든 재현이 실재할 수 있는 조건들인 것이다.

칸트의 비판철학은 우리 시대의 모더니티로 진입하는 문턱을 이루고 있다. 칸트의 비판철학은 재현을 취급함에 있어 단순한 요소로부터 그 요소들 간의 가능한 조합으로 나아가는 끊임없는 운동에 의거하는 것이 아니라, 그 재현 권리의 한계에 의거한다. 따라서 칸트의 철학은 18세기 말에 유럽 문화에서 발생한 대사건, 즉 지식과 사고가 재현의 밖으로 후퇴retrait한 사건을 최초로 승인한 것이라고 말할 수 있다. 이때부터 재현 공간의 토대와 기원과 한계가 문제 되기 시작한다. 또한 바로 이러한 사실로 인해, 고전주의 시대의 사고가 정립했던 재현의 무한한 영역이 이제 하나의 형이상학으로서 나타나기 시작한다. 그러나 이 경우의 형이상학은 스스로의 내부에 갇혀 있고, 무의식적인 독단론에 빠져 있으며, 자기에게 적당한 권리의 문제를 밖으로 드러내는 법이 없다. 이러한 의미에서 비판철학은 18세기의 철학이 오직 재현의 분석에 의해서 막연히 축소시키려 했던 형이상학적 차원을 분명한 모습으로 드러내 주었다고 할 수 있다. 그러나 동시에 비판철학은 또 하나의 형이상학의 가능성을 제시하고 있다. 이 경우의 형이상학은 재현을 문제 삼는 것이 아니라, 재현의 유래와 기원을 문제 삼는다. 19세기에 이 비판철학의 뒤를 이어 전개될 '생'철학과 '의지'의 철학을 가능하게 한 것은 바로 이러한 형이상학이라고 할 수 있다.

## 객관적 종합

이로부터 생겨나는 결과는 무한에 가깝다. 그 결과가 무수한 까닭은 오늘날 우리의 사고 역시 동일한 왕조의 지배하에 있기 때문이다. 18세기 말에 이르면 두 가지의 새롭고 상관적인 사고 형태가 출현하게 된다. 그 하나는 재현 일반을 가능하게 하는 것이 무엇인가 하는 관점에서 재현 간의 상호 관계가 이루어질 수 있는 제 조건을 문제 삼는다. 그러므로 이 첫 번째 사고 형태는 결코 경험에 주어지지 않은(경험적이 아니기 때문에), 그렇지만 유한한(지적 직관intuition intellectual이 더 이상 존재하지 않기 때문에) 주체가 객체 x와의 관계 속에서 '경험 일반의 모든 형식적 조건을 결정하는 초월적인' 장을 제시한다. 말하자면 초월적 주체에 대한 분석은 재현들 간의 가능한 종합의 토대를 끌어내고 있는 것이다. 맞은편에서 초월적인 것 쪽으로의 이러한 열림과 대칭을 이루는 또 다른 사고의 형태는 재현되는 존재 자체의 측면에서 재현들 사이의 관계에 관한 조건을 검토한다. 모든 실제적인 재현의 지평에서 그 재현들의 통일성의 토대로서 제시되는 것은 결코 객체화될 수 없는 객체들이요, 완전하게 재현될 수 없는 재현들이요, 명백하면서도 비가시적인 가시성들이요, 우리에게 주어진 어떤 것의 토대를 이루고 있는 바로 그만큼 깊이 침투된 실재(노동의 역량, 생명력, 말하기의 힘과 같은)들이다. 생명, 언어, 경제에 관한 제 학문의 새로운 실증성은 초월철학의 성립과 맥을 같이하고 있는 것이다.

18세기 말에 서구의 에피스테메에서 발생했던 이 근본적인 사건의 가장 심원한 결과 ―그러면서도 가장 피하기 힘든 결과― 는 다음과 같이 요약될 수 있을 것이다. 즉 부정적인 결과는 인식의 순수 형태들의 영역이, 모든 경험적 지식에 대해 자율권과 주권을 획득하고, 구체적인 것들의 형식화와 순수 과학의 정립을 계속 반복적으로 추구할 수 있도록 해 주면서 스스로 고립된다는 점이다. 한편 긍정적인 결과로서는 경험적 영역들이 철학의 축소 내지 안티-철학만큼 철학의 가치와 기능도 떠맡으면서 주체성과 인간존재와 유한성에 대한 성찰과 연결된다는 점을 들 수 있겠다.

## 6. 새로운 경험성들

고전파 경제학 그리고 마르크스, 니체

애덤 스미스의 분석에서, 노동은 사물들의 가치 사이에 하나의 항구적 척도를 설정하는 것으로 인식되는 힘에 의해 자신의 특권적 지위를 차지했다. 이 때문에 노동은 의외로 표준이 변화를 받거나 본질적 상대성에 귀속되었을지도 모를 필요의 대상들의 교환에 있어 대등성을 얻는 것이 가능했다. 그러나 그러한 역할을 수행하는 데는 하나의 조건, 즉 한 사물의 생산에 필수적인 노동량은 그 사물이 교환 과정에서 팔 수 있는 노동량과 같다는 가정이 필요했다. 리카도의 분석이 그 위치를 차지하고 결정적인 중요성을 갖는 이유가 여기에 있다. 그것이 경제의 움직임에 있어서 노동의 중요한 위치를 부상시켜 준 첫 번째 이론은 아니다. 오히려 그것은 노동 개념의 통일성을 분쇄하며, 매매되는 노동자의 노동력과 노고와 시간과, 그리고 사물의 가치의 기원에 중심을 둔 활동을 근원적인 방식으로 구별한다. 따라서 한편으로 우리는 노동자가 제공하고 기업가가 받거나 요구하여 임금이 지불되는 노동을 맞게 되고, 다른 한편으로 우리는 광석을 채굴하고, 작물을 생산하며, 물품을 가공하고, 상품을 수송함으로써 결국 노동 이전에는 존재하지 않았을 뿐더러 노동 없이는 결코 생길 수도 없었던 교환가치를 형성케 하는 노동을 보게 된다.

'역사'의 부동화에 대한 사고를 가능하게 해 주는 것은 리카도에 의해 경제학에 도입된 역사성이다. 19세기 이후, '역사'의 빈곤화, 그것의 점진적인 불활성화, 그것의 화석화, 그것의 돌같은 부동성에 대한 사고를 가능하게 하는 것은 결국 인구와 생산의 누적되는 이중의 시간과 희소성의 단절된 역사이다. 우리는 역사와 인간학이 상호 간의 관계 내에서 어떤 역할을 해 내는가를 안다. 자연의 존재와 마찬가지로, 인간이 유한하다는 이유만으로 역사(노동, 생산, 축적, 그리고 실질 경비의 증대)는 존재한다. 그러므로 유한성은 종의 원초적인 한계와 육체의 직접적인 필요를 넘어서서 신장되기는 하지만, 제 문명의 전체적 발전에 있어 적어도 은밀하게 수반하기를 결코 멈추지 않는다. 인간이 세계의 중심에 안주하면 할수록 그는 자연의 소유를 보다 진척시키고 자신의 유한성의 압력을 보다 강하게 느끼며 죽음에 더욱 가까이 접근하게 된다. '역사'는 인간이 본래 주어진 스스로의 한계에서 벗어나는 것을 허용하지 않는다. 그러나 우리가 인간의 기본적인 유한성을 고려한다면, 우리 인간의 인간학적 상황은 인간의 역사를 끊임없이 점진적으로 극화시키고, 역사를 부단하게 더욱 위험에 몰아넣으며, 요컨대 역사 자신의 불가능성에 보다 근접시킨다. '역사'가 그러한 경계에 도달하는 순간 역사는 멈출 수밖에 없으며 자신의 차축에서 잠시 동안 진동하다가 영원히 부동의 상태로 남게 된다. 그러나 이 현상은 두 가지의 서로 다른 양상으로 발생할 수 있다. 첫째로, 역사가 점진적으로 진행 속도를 늦춰 가며 안정 상태를 향해 움직여 갈 수 있으며, 그 안정 상태는 시간의 무제한성 내에서 역사가 나아갈 방향으로 지금까지 진행해 왔던 목적을, 즉 역사가 결코 처음의 모습을 그대로 유지하기를 거부해 온 바를 정당화해 준다. 둘째로, 역사가 항상, 그리고 연속적으로 이전에 유지해 왔던 모습을 억누르는 한에 있어서 역사는 자신이 고정 상태를 얻는 전환점에 도달될 수 있다.

그러나 첫째의 리카도의 '비관주의'와 둘째의 마르크스의 혁명의 약속에 의해 제시된 양자택일은 거의 중요하지 않다. 그러한 선택 방식은 경제학이 희소성과 노동이라는 두 개념을 통하여 창출한 인간학과 '역사'의 제 관계를 일별하는 두 가지 가능한 방식 이상의 어떤 것도 아니다. 리카도에게 있어서 '역사'는 최종적 안정점에 도달하는 순간까지 인간학적 유한성에 의해 생겨나고 항구적인 결핍 내에서 표현되는 공동을 채운다. 한편 마르크스의 해석에 따르면 '역사'는 인간에게서 노동을 탈취해 감으로써 인간의 유한성의 실증적인 형태를 —최종적으로 해방되는 인간의 물질적 진실을— 드러나게 한다. 서구 지식의 심층 단계에서 마르크스주의는 어떠한 실질적인 단층도 도입하지 않았다. 마르크스주의는 한 시대 동안 그것을 환대했던 당시의 인식론적 배치 내부에서 완벽하고 평온하며, 안락하고 충족된 형상으로서 자신의 위치를 차지했다. 마르크스주의는 그 인식론적 배치를 뒤흔들 의도가 없었으며, 조금이라도 수정할 어떤 힘도 갖추고 있지 못했다. 왜냐하면, 그것은 전적으로 그 배치에 의존했기 때문이다. 마르크스주의는 마치 밖의 어떠한 곳에서도 호흡을 할 수 없는 물속의 고기와 같이 19세기의 사고 내에서 존속한다. 그 이론이 '부르주아' 경제 이론들과는 반대 입장에 서고, 이 반대 입장 때문에 그 이론들에 대항하는 한 수단으로써 '역사'의 근원적 전도의 기획을 사용하게 될지라도 그 갈등과 기획은 역사 전체의 전면 개정이 아니라, 19세기의 부르주아 경제학과 19세기의 혁명적 경제학을 동일한 양태에 따라 동시에 규제하는 고고학 전체를 정확히 위치시키는 한 사건을 그것들이 성립 조건으로 상정한다. 양자의 논쟁이 어떤 풍파나 파문을 일으켰을지는 모르나, 그것은 단지 얕은 아동용 풀장에서 생기는 폭풍에 불과하다.

본질적인 것은 경제의 역사성, 인간 실존의 유한성, 역사의 종언에의 도달, 이 삼자를 동시에 수용했던 지식의 새로운 배치가 19세기 초에 성립되었다는 사건이다. 이 배치는 오랫동안 사고에 확고한 구속력을 행사했으며, 19세기 말에 니체는 그것에 불을 지름으로써 마지막 시간 동안 다시 불을 밝혔다. 그는 시간의 종언을 고했으며 그것을 신의 죽음과 최후의 인간의 방황으로 변환시켰다. 또한 그는 재차 인간학적 유한성을 다룸으로써 그것을 초인의 기적적인 도약의 발판으로 사용코자 했다. 그는 역사의 위대한 연속적 연쇄고리를 재삼 들춰냄으로써 그것을 영원회귀의 무한성 안에 포함시키려 했다. 니체의 표현들에 의해 그 모든 안정된 형태가 불 속으로 내던져지고, 기묘하고 아마도 불가능한 얼굴들을 이끌어 내기 위해 그 형태들이

까맣게 탄 유해들이 사용되었다. 마지막 위대한 불의 재생하는 불꽃이든, 여명의 조짐이든 한 불빛에 의해 우리는 아마도 모던 사유의 공간이라 생각되는 공간의 출현을 목격한다. 어쨌든 우리가 태어나기도 전에 우리를 위해 변증법과 인간학의 혼합된 약속들을 불태운 장본인은 니체였다.

### 생물학: 쥐시외, 퀴비에와 라마르크

스미스가 등가성의 영역 내에서 사물의 자연 가격을 확립하기 위해 노동의 항구적 가치를 사용한 것과 마찬가지로, 쥐시외는 방법만큼이나 정확하고, 체계만큼이나 엄격한 분류를 확립하려는 기획 중에 특징의 종속 관계에 대한 규칙을 발견했다. 그리고 리카도가 모든 교환에 앞서 노동을 생산의 일반적인 제 형태로 도입하기 위해 노동으로부터 척도로서의 역할을 배제한 것과 마찬가지로, 퀴비에는 가능한 여하한의 분류에 앞서 특징 상호 간의 종속 관계를 생물의 다양한 유기적 도면 내로 도입하기 위해 그 종속 관계로부터 분류학적 기능을 배제했다. 구조들 상호 간의 의존 형식인 내재적 연쇄고리는 이미 빈도의 수준에 머물지 않고 모든 상호 관계의 핵심적인 기초를 이룬다. 생물의 공간은 '전치轉置와 반전' 개념 주위에서 선회하며, 이 개념의 출현 이후로 자연사의 기본 분류요목(속, 종, 개체, 구조, 기관)을 통해 현시될 수 있었던 모든 것은 이제 새로운 존재 양태를 띠게 된다. 기능에의 의존과 동일성의 평면과 상이성의 평면과의 분리에 의해 새로운 관계들, 즉 '공존' 관계, '내재적 계층 질서'의 관계, '조직도면'에 관한 '의존' 관계들이 생겨난다는 것이다.

퀴비에 이후로 분류의 외부적 가능성에 기초를 제공해 주는 것은 비지각적이고 순수 기능적인 측면에서의 생명이다. 생물의 분류는 이제 생명의 깊이, 즉 대부분의 시야에서 가려진 요소들로부터 생겨난다. 이전에는 생물이 자연 분류의 한 부분이었으나, 이제는 분류 가능하다는 사실이 생물의 한 특성이다. 구성요소들의 상호 간의 관계 내에서 우리는 두 항이 결코 동일한 수준에 머물지 못하는 일련의 대립 관계를 갖는다. 생명은 이미 다소간 일정한 방식에 의해 기계적인 것과 구별될 수 있는 어떤 것이 아니다. 그것은 생물들 사이에 존재하는 모든 가능한 구별이 그 토대를 갖는 그 무엇이다. 사상과 학문의 연대기에는 19세기 초의 생기론적 주제들의 부활에 의해 지시되는 생명의 분류학적 개념에서 종합적 개념으로의 전이가 있다. 지식의 고고학의 관점에서 볼 때, 이 특정의 순간에 확립된 것은 '생물학'의 성립 조건들이다.

생물에 관한 학문의 역사적 선험 전체는 전도된 후 갱신된다. 고고학적인 깊이에서 볼 때 퀴비에의 저작은 과거 생물학의 미래상 그 이상이다. 그러나, 장차 진화론이 될 것을 '예시하는' 것으로 보이는 라마르크의 '생물변이설'의 직관과, 퀴비에가 완고하게 주장한 전통적인 선입관 및 신학적인 가설에 완전히 젖어 있던 낡은 이론인 불변설 사이에 때때로 대립이 일어난다. 운동의 추진력과 끊임없는 갱신과 적응성의 지속력을 믿는 진보적인 사고 체계는 어려운 운명을 맞는다. 혁명가인 라마르크가 이 부류에 속한다고 생각된다. 이제 해야 할 일은 라마르크가 종의 변천에 대해 생각한 바를 그의 저작에서 직접 분석해 내는 것이다. 그는 점진적인 변이, 부단한 완성화의 과정, 상호 의존하며 자신들을 형성할 수 있는 존재들의 단절 없는 연속면을 가정했다. 라마르크의 사고를 가능케 하는 것은 장래의 진화론에 대한 앞선 파악이 아니라 자연사의 '방법들'에 의해 발견되고 가정되는 존재들의 연속성이다. 라마르크는 퀴비에와 동시대인이 아니고 쥐시외와 동시대인이다. 쥐시외는 고전주의 시대의 존재의 계열에 근원적인 불연속성을 도입함으로써 생물학적 비양립성과 외부의 요소들과의 관계와 생활 조건과 같은 개념들을 창출해 냈다. 또한 그는 생명을 유지하는 데 필요한 특정의 에너지와, 생명에 죽음의 형벌을 가하는 특정의 위협과 같은 개념을 가정했다. 여기에서 우리는 진화의 관념에 가까운 관념을 가능케 하는 몇몇 조건이 어울려 있음을 발견한다. 피상적인 유비에도 불구하고 생명의 형태들의 불연속성에 의해 구조와 특징의 연속성이 그 근거를 제공해 줄 수 없었던 시간상의 거대한 흐름에 대한 구상이 가능했다. 공간적 불연속, 표의 파괴, 자연의 모든 존재가 정연한 위치를 갖는 연속면의 세분화와 더불어 자연사를 자연의 '역사'로 대치하는 것이 가능하게 되었다. 고전주의 시대의 공간은 생성의 가능성을 배제하지 않았으며, 생성은 단지 가능한 변이들의 신중하게 예정된 표를 일별하는 수단을 제공해 주었다. 그 공간의 분해와 더불어 생명에 고유한 역사성, 즉 그것의 생활 조건 내에서의 생명 유지의 역사성을 발견하는 것이 가능하게 되었다. 그러한 생명 유지에 대한 분석으로서 퀴비에의 '불변론'이 서구의 지식 내에서 처음 등장했을 때 그것은 그 역사성을 성찰하는 최초의 방식이었다. 이제 역사성이 생물의 영역 안으로 도입되었다.

생물의 역사성의 성립은 유럽의 사고에 지대한 영향을 미쳤다. 의심할 바 없이 그것은 경제적 역사성의 성립에 의해 야기된 영향과 마찬가지의 지대한 결과를 낳았다. 고도의 상상적인 가치의 표면적 수준에서, 이후의 역사에 헌신한 생명은 동물성의 형태로 묘사된다. 동물은 19세기에 들어서서 새로운 가공할 힘을 발견하게 된다. 특징과 구조가 생명을 향해 수직적인 단계로 배열될 때 동물은 자신의 존재의 토대에서 자신의 은폐된 구조와 숨겨진 기관들과 매우 많은 비가시적 기능들, 그리고 자신의 생명을 유지시켜 주는 원거리력과 더불어 특권적인 형상을 갖춘다. 동물이 우리에게 보여 주는 것은 특징들의 정지된 이미지라기보다는 오히려 호흡이나 소화에 의해 수행되는 무기물에서 유기물로의 끊임없는 전이와, 죽음에 의해 야기되는, 거대한 기능적 구조들에서 생명이 없는 먼지로의 역변환이다. 그러나 약간의, 그리고 불안한 힘에 시달린 동물성의 상상적인 지위는 19세기 사고에 있어서 생명의 다양하고 동시적인 기능들에 더욱 깊이 의존한다. 서구 문화에 있어 아마도 처음으로 생명은 재현 내에 위치되고 분석됨에 따라 존재의 일반 법칙으로부터 벗어난다. 사물들이 가시적이 되도록 도와주고, 죽음이라는 폭력을 휘둘러 사물들을 끊임없이 파괴하고 있는, 모든 존재의 반대 측면에서도, 그리고 그처럼 도와주고 파괴할 수 있는 존재들, 그 이상에 있어서마저도 생명은 기본적인 힘, 즉 운동이 부동성에, 시간이 공간에, 은밀한 의지가 가시적 표현에 대한 것과 동일한 방식으로 존재에 대립하는 힘이 된다. 생명은 모든 존재의 근원이며 비생물, 즉 생명이 없는 자연은 타락한 생명에 불과하다.

## 7. 인간과 그의 분신들

### 언어로의 회귀

문학의 출현이라든가, 주석으로의 회귀와 형식화에 대한 배려라든가, 문헌학의 발전이라든가, 요컨대 언어가 다양하고 풍부한 모습으로 새롭게 출현함에 따라, 고전주의적 사고의 질서는 소멸된다. 고전주의와 모더니티의 경계선은 단어가 제 표상과 교차하여 자연발생적인 사물에 대한 그물망(인식들)을 제공해 주기를 멈추었을 때 결정적으로 그어졌다. 19세기 초에 단어는 저 고대의 수수께끼 같은 밀도를 재발현하였다. 단어는 일단 재현과 분리되면서부터 오늘날까지 줄곧 분산된 양태로만 존재해 왔다. 문헌학자들에게 있어 단어는 역사에 의해 형성되고 침전된 객체와 같은 것인 반면에, 형식화를 추구하는 사람들은 언어의 구체적 내용은 무시한 채 보편적으로 유효한 담론의 형식만을 밝히려고 한다. 또한 해석을 추구하는 경우에는, 단어가 그 속에 숨어 있는 다른 의미가 분명히 드러날 수 있도록 부서져야만 할 텍스트가 되기도 한다. 그런가 하면 언어는 그 자체만을 지시하는 기록 행위 속에서 자기 자신만을 위해 모습을 드러내는 경우도 있다. 이러한 언어의 산란 상태로 인하여, 언어는 분산된 양태로 나타나 그 통일성을 회복할 수 없게 되는 것이다. 아마도 철학적 반성이 그렇게 오랫동안 언어와 유리되었던 것은 바로 이러한 이유 때문이리라. 철학적 반성은 대상이나 개념적 모형이나 근본적 기반이 될 만한 것 등에 대해서는 생명 내지 노동의 영역에서 지칠 줄 모르고 탐구하였지만, 언어에 대해서는 상대적으로 거의 주의를 기울이지 않았다. 철학적 반성의 주요 관심은 철학의 과업에 대립되는 모든 장애를 제거하는 데 있었다. 언어는 19세기 말이 되어서야 비로소 스스로를 위한 사고의 영역에로 되돌아왔다. 문헌학자인 니체가 철학적 과업과 언어에 대한 철학적 반성을 최초로 결합시킨 것은 20세기에 이르러서였다고 말해도 좋을 것이다.

그리하여 언어는 이제 니체가 우리를 위해 개척한 철학적·문헌학적 공간 속에서 불가사의한 다양성으로 분출하게 된다. 이 수수께끼 같은 다양성은 제어되어야만 했다. 이를 위해 다음과 같은 많은 계획이 출현한다. 모든 담론의 보편적 형식화에 관한 주제라든가, 세계의 완전한 탈신비화와 세계의 전체적 주석에 관한 주제라든가, 모든 형식의 담론을 하나의 단어로, 모든 책을 한 페이지로, 전 세계를 한 권의 책으로 남김없이 변형시켜 완전히 재흡수한다고 하는 주제가 그것들이다. 그러나 말라르메가 죽는 순간까지 헌신했던 위대한 과업이야말로 오늘날의 우리를 지배하고 있는 과업이다. 그것은 담론의 세분화된 존재를 불가능에 가까운 통일성 내에 가두어 두려는, 이제까지 우리의 노력 모두를 불완전하게나마 포괄하고 있다. 말라르메의 계획 ―가능한 모든 담론을 단어의 허술한 묶음, 즉 백지에 잉크로 써진 가늘지만 구체적인 흑색선 내에 봉합하려는 계획— 은 기본적으로 니체가 철학에 제기한 질문에 대한 답변이다. 니체가 문제 삼았던 것은 선과 악 그 자체가 무엇인가 하는 것이 아니었다. 그가 문제 삼은 것은 지칭된 사람이 누구인가를 인식하는 것이 아니라 오히려 '말하고 있는 사람이 누구인가?'를 인식하는 것이었다(『도덕의 계보』, 1장, §5). 왜냐하면, 언어의 완전한 집결지는 담론의 '소유자', 더 깊은 의미에서는 단어의 '소지자'였기 때문이다. '누가 말하고 있는가?'라는 니체의 질문에 말라르메는 다음과 같은 대답을 계속 되풀이한다. 말하고 있는 것은 그것의 고독에 있어, 그것의 미묘한 떨림에 있어, 그것의 무에 있어 단어 그 자체로서 단어의 의미가 아니라 단어의 수수께끼 같은 불확실한 존재 자체라고 대답하는 것이다. 니체가 결국에는 질문하는 자기 자신의 내부에 몰입함으로써 말하고 질문하는 주체, 즉 '이 사람을 보라'로서의 자기 자신에 토대를 두어야만 했음에도 불구하고 시종일관 누가 말하고 있는가라는 질문을 계속한 데 비하여, 말라르메는 담론이 자신의 고유한 언어로부터 스스로를 말소해 버림으로써 담론 자신에 의해 구성된 절대서Livre의 순수한 의식에서 집행자로서만 모습을 나타내기를 희구한다. 오늘날 제기되는 모든 언어적 질문은 니체의 질문과 말라르메의 답변 사이를 결코 넘지 않는 범위 내에서 제기되고 있는 것이다. 오늘날 우리는 이러한 질문이 어디에서 유래하였는지를 알고 있다. 말하자면, 그것은 19세기 초 담론의 법칙이 재현으로부터 유리되고 언어의 존재 자체가 단편화됨으로써 가능해진 질문이다. 그러나 이 질문이 불가피하게 된 것은 니체와 말라르메에 의해 사고가 급격하게 언어 그 자체로, 즉 언어라는 유일하고 복잡한 존재에로 되돌려졌을 때였다. 실제로 언어의 산란 상태는 기본적으로 우리가 담론의 소멸이라고 명명해도 좋을 고고학적 사건과 연관되어 있다. 단일한 공간 내에서 이루어지는 언어의 거대한 운동을 재발견하는 일은 이전 세기에 형성된 인식 양태를 종결짓고 전혀 새로운 사고 형식을 향해 결정적으로 도약하는 것일지도 모른다.

## 유한성의 분석론

자연사가 생물학이 되고, 부의 분석이 경제학이 되었을 때, 무엇보다도 언어에 대한 반성이 문헌학이 되었을 때, 그 반대로 존재와 재현의 공통 장소였던 고전주의적 담론이 소멸되었을 때, 인간은 그러한 고고학적 변동의 심층적 운동 속에서 인식의 객체인 동시에 주체라는 양의적인 위치에 등장한다. 이 새로운 출현의 동기, 이에 고유한 양상, 이를 정당화하는 에피스테메의 특수한 배열, 이에 의해 단어와 사물과 그것들의 질서 사이에 확립된 새로운 관계, 이 모든 것은 이제 명백해진다. 퀴비에와 그의 동시대 인물들은 생명이 자기 존재의 심연에서 생물의 가능 조건을 규정할 것을 주장하였다. 이와 동일한 방식으로 리카도는 노동이 교환·이윤 생산의 가능 조건을 제공하기를 요구하였다. 최초의 문헌학자들 역시 언어의 역사적 심층에서 언어와 문법의 가능성을 모색하였다. 이는 재현이 현실적으로 생물·필요·단어 등을 위한 근본적 장소 내지 진리성의 원초적 거점으로서의 가치를 상실했음을 뜻한다. 따라서 재현은 생물·필요·단어와의 관계 속에서 파생된 하나의 결과, 즉 그것들을 파악하고 재구성하는 의식 내에서 그것들의 다소 불투명한 상대역에 불과하게 된다. 이제 인간이 사물에 대해 스스로 만들어 낸 재현은 더 이상 사물의 질서화된 표를 하나의 지배적 공간 속에서 전개할 필요가 없게 된다. 나름대로의 고유한 존재를 소유하고 스스로를 재현할 수 있는 능력을 가진 인간이 생물·교환 대상·단어들에 의해 비워진 공간에 모습을 나타내자, 그때 생명·교환 대상·단어들은 지금까지 자신들의 자연의 위치였던 재현을 떠나 사물의 심층에로 물러나 생명·생산·언어의 법칙에 따라 좌우되기 시작한다. 이러한 것들의 와중에서 인간은 그 법칙들에 의해 형성된 원환 속에 갇혀 그것들의 요구를 받게 된다. 왜냐하면, 인간은 그 단어들을 사용하고 있는 장본인이며, 동물들 사이에 자리 잡고 있는 자이기 때문이다. 또한 인간의 필요와 그 필요를 충족시키기 위해 인간이 소유하는 수단과의 관계로 인해, 인간은 필연적으로 생산의 원리이자 수단이 될 수밖에 없다는 사실 역시 그 이유가 된다. 그러나 이러한 다급한 지적은 양의성을 내포한다. 우선 인간은 노동·생명·언어의 지배를 받으며, 인간의 구체적 존재는 그것들 속에서 결정된다. 그러므로 인간에 접근하기 위해서는 그가 사용한 단어, 그의 유기체적 조직, 그가 만든 물건에 의존하지 않을 수 없다. 인간은 사유하게 되자마자 다음과 같은 존재 형태 속에서 스스로를 발견한다. 즉 인간은 필연적으로 은폐된 심연에 있어서, 환원 불가능한 선재성에 있어서, 하나의 생물이요, 생산의 도구요, 자기에 선행하는 단어들의 운반 수단이라는 존재 형태로 발견되는 것이다. 인간이 소유한 지식이란 그에 대해 외적이며 그보다 먼저 태어난 곳임을 알려 주는 이 모든 내용은 인간에 선행하여 인간을 단단히 포위하고 있으며, 마치 인간을 자연의 한 대상에 불과한 것으로 생각하는 듯이 인간을 뒤덮어 버리고 마는 것이다. 이러한 인간의 유한성은 매우 전횡적인 방식으로 지식의 실증성에 의해 밝혀졌다. 우리는 뇌의 해부, 생산 비용의 메커니즘, 인도-유럽어의 활용 체계를 알고 있듯이 인간이 유한하다는 사실을 알고 있다. 아니 오히려 우리는 이처럼 견고한 실증적인 완결 형식들을 측정하는 도표를 보듯이 그러한 형식들에 의해 부과된 유한성과 한계를 감지하는 한편, 그 형식들이 나타내고 있지 않은 맞은편의 여백에서 그것들이 불가능하게 한 모든 것을 감지하기까지도 한다.

그렇지만 인간이 갑자기 우리의 지평에 나타나 매우 당혹스러울 정도의 돌발적 방식으로 인간의 육체와 노동과 언어라는 낯선 사실을 우리의 반성에 강요하고 있다고 생각해서는 안 된다. 단순히 외면적인 관점에서 보면 모더니티의 출발점은 인간이 자신의 유기체적 조직 내에, 두뇌 내에, 수족이라는 골조 내에, 그리고 자신의 전체 생리 구조 내에 존재하기 시작했을 때이고, 인간이 노동의 중심에 존재하기 시작할 때이며, 인간의 사고가 언어의 주름 속에 자리잡기 시작할 때이다. 그러나 보다 근본적인 면에서 본다면 유한성이 끊임없는 자기에로의 조회 속에서 사고되었을 때, 이미 우리의 문화는 모더니티의 이해를 가능케 해 주는 문턱을 넘어섰던 것이다. 물론 지식의 다양한 분과들의 차원에서, 유한성은 항상 구체적 존재로서의 인간에 의거하여, 또 인간의 실존에 할당될 수 있는 경험적 형식에 의거하여 지적되는 것이 통례이다. 그렇지만 지식의 다양한 분과들의 일반적·역사적 선험을 발굴하려는 고고학적 차원에서는, 모던 인간 ―육체적이며, 노동하며, 말하는 존재로서 지시될 수 있는― 은 유한성의 형상으로만 가능할 뿐이다. 모던 문화는 그 자체에 의거해서, 유한한 것에 관해 사고하기 때문에, 인간에 관해 사고할 수 있다.

## 경험적인 것과 이것을 가능케 하는 초월적인transcendental 것

유한성의 분석론에서 볼 때 인간은 기묘한 경험적-초월적 이중체이다. 왜냐하면, 인간은 일체의 지식을 가능하게 하는 그러한 지식을 그 자신 속에서 얻을 수 있는 존재이기 때문이다. 이제 분석의 장소가 재현이 아니라 유한 속에 있는 인간이므로, 문제 되는 것은 경험의 내용에서 출발하여 지식의 조건을 밝히는 일이다. 모던 사고의 일반적 움직임에서는 이 경험 내용이 어디에서 지역화되었는지는 그다지 중요하지 않다. 다시 말해, 그 내용들이 내성을 통해 발견되었는지, 아니면 다른 어떤 분석 형태를 통해 발견되었는지는 문제가 되지 않는다. 왜냐하면, 우리의 모더니티의 경계선은 인간 연구에 객관적 방법을 적용하려는 노력에 의해서가 아니라, 오히려 '인간'이라고 불리는 경험적·초월적 이중체를 구성함으로써 형성되었기 때문이다. 여기서 두 종류의 분석이 탄생한다. 하나는 육체의 공간 내에서 조작되는 것으로서, 지각·감각의 메커니즘·운동 신경·사물과 유기체에 공통적인 분절화 등을 연구함으로써 일종의 초월적 감성론으로 기능하고 있는 분석이다. 이러한 분석을 통해 발견된 사실에는, 인식은 해부학적-생리학적 조건을 갖고 있다든가, 인식은 육체의 구조 내에서 점차적으로 형성된다든가, 인식은 육체 내에서 특권적 지위를 점하고 있는 것 같다든가, 그렇지만 인식의 형태들은 육체의 독특한 기능과 분리될 수 없다든가 하는 것들이 있다. 요컨대 인간의 지식에는 하나의 '본성'이 존재하는데, 이 본성은 인식의 형태를 결정할 뿐 아니라, 동시에 그 인식의 경험적 내용 가운데에서라야 명백해질 수 있다는 것이나. 또 하나의 분석은 얼마간은 고대적이며, 얼마간은 정복되기 힘든 인간의 환상에 대한 연구를 통해 일종의 초월적 변증론과 같은 기능을 수행하는 분석이다. 이러한 분석에 의해 알려진 사실은 다음과 같다. 즉 인식은 역사적·사회적·경제적 조건을 소유하고 있으며, 인식은 인간들 간에 형성된 관계 내부에서 형성되며, 인식은 인간이 때와 장소에 따라 취하는 특수 형태와 무관하지 않다는 사실이다. 요컨대 인간의 지식에는 '역사'가 있는데, 이 역사는 경험적 지식을 통해 주어질 수 있으며, 그 경험적 지식의 형태를 결정할 수 있다는 것이다.

위의 두 종류의 분석은 어떤 식으로든 필요로 하지 않는 특징을 갖고 있다. 더구나 양자는 모두 하나의 분석론, '혹은 주체의 이론'을 필요로 하기보다는 오직 그 자신에 의거할 수 있기를 요구한다. 왜냐하면, 초월적 반성으로서 기능하는 것은 내용 그 자체이기 때문이다. 그러나 실제에 있어서 인식의 본성

내지 인식의 역사에 대한 탐구는 일종의 비판을 전제하고 있다. 그런데 이 비판 과정에서는 비판의 고유한 영역을 경험적 지식의 내용에까지 끌어내릴 것이 요구된다. 따라서 이 비판은 순수 반성 활동이 아니라 다소 애매한 일련의 분할이 낳은 결과이다. 우선 여기서의 분할은 비록 임의적이긴 하지만, 상대적인 면에서 명확화된 분석이다. 즉 이 분석은 초보적이고 불완전하며, 불균형하고 성급한 인식과, 완전하지는 않았지만 적어도 안정되고 확정된 형태로 형성되었다고 할 수 있는 인식을 구별한다(이 분석이 인식의 자연적 조건에 대한 연구를 가능하게 한다). 또한 이 분석은 착각과 진리, 이데올로기적 환상과 과학적 이론을 구분한다(이 분석이 인식의 역사적 조건에 대한 연구를 가능하게 한다). 그러나 이 분석보다 더 모호하면서도 더 근본적인 분석, 즉 진리 그 자체에 대한 분석이 있다. 실제로 객체의 질서에 속하는 진리가 존재하는가 하면, 반면에 담론의 질서에 속하는 진리도 존재함에 틀림없다.

### 코기토cogito('나는 사고한다')와 사고되지 않은 것

실로 인간이 세계 내에서 경험적-초월적 이중체의 위치에 있다면, 다시 말해 인간이 역설적 형상(여기서 인식의 경험적 내용들은 스스로 자신을 가능하게 했던 조건들로부터 해방된다)이라면, 이때 인간은 하나의 코기토라는 직접적이며 지고한 투명성 속에 위치할 수가 없다. 그런가 하면 인간은 자의식에로 정당하게 인도되지도 인도할 수도 없는 어떤 객체의 불활성 내에 거주할 수도 없다. 인간은 어떤 하나의 차원을 지닌 존재 양태이다. 그런데 이 차원은 항상 개방되어, 결코 결정적 한계가 주어지는 법이 없으며, 끊임없이 답사되는 차원이다. 이 차원은 코기토에 반영되지 않는 인간 자신의 한 부분으로부터 그 부분을 파악하는 그의 사고 행위에까지 확장되는가 하면, 반대 방향으로는 순수한 파악으로부터 경험적 혼란, 경험 내용의 무질서한 집적이라든가 경험이 지니고 있는 스스로를 끊임없이 우회하는 성향이라든가 비-사고non-pensée의 황량한 사막 속에 자리 잡은 침묵의 전 지평에 걸쳐 있다. 경험적-초월적 이중체로서의 인간은 또한 오해의 장소이기도 하다. 그렇지만 이 오해야말로 인간의 사고를 그의 고유한 존재에 함몰될 위험에 노출시키는 것인 동시에 인간이 스스로를 우회함으로써 자신의 동일성을 회복할 수 있도록 해 주는 것이기도 하다. 이것이 바로 모던 형식의 초월적 반성이 자연과학에서가 아니라, 칸트의 경우처럼 인간을 항상 자기 인식에로 소환하는 '알려지지 않은 것'의 현존 가운데에서 자기의 중요성을 발견하는 이유이다. 이제는 자연에 대한 경험이 어떻게 필연적 판단을 발생시키는가 하는 것이 문제되지 않는다. 여기서 칸트의 위치에 대한 사중의 전위가 이루어졌다. 말하자면 이제는 진리가 아니라 존재가, 자연이 아니라 인간이, 지성의 가능성이 아니라 원초적 오해의 가능성이, 과학에 대립되는 철학 이론들의 불가해한 성격이 아니라 인간이 스스로를 인식할 수 없는 그 설명 불가능한 경험의 전 영역에 대한 명석한 철학적 인식으로의 회복이 문제 되었던 것이다. 초월에 대한 이러한 전위에서 출발함으로써 현대의 사고는 코기토의 주제를 부활시키지 않을 수 없었다.

그런데, 모던 경험에 있어, 인간을 인식의 대상으로 정립함으로써 이 새로운 형상이 에피스테메 영역에 등장하게 된다는 사실은 내부로부터 사고를 귀찮게 굴며 붙어 다니는 하나의 명령을 함축하고 있다. 이 명령의 유통 형태가 윤리냐, 정치냐, 휴머니즘이냐, 서구의 운명을 떠맡을 의무냐, 혹은 역사 속에서 관리와 같은 기능을 수행하는 단순한 의식이냐 하는 문제는 하등

의 중요성이 없다. 본질적인 문제는 사고가 사고 자체를 위해
서뿐만 아니라 자신의 작업의 권위를 위해서도 하나의 인식인
동시에 인식된 것의 수정이어야 하며, 하나의 반성인 동시에
반성된 것의 존재 양태의 변형이어야만 한다는 데 있다. 사고
란 무엇과 접촉하든 간에 즉각적으로 움직이기 마련이다. 말하
자면 사고는 결코 사고되지 않은 것을 발견하기는커녕 사고되
지 않은 것을 향해 움직일 수조차도 없다. 그러나 어쨌든 인간
의 존재는 양자 간의 거리 내에서 전개되기 때문에 변화를 겪
기 마련인 것이다. 바로 여기에 우리의 모더니티와 깊이 결합
된 그 무엇이 있다. 사고는 일찍이 19세기에 이미 자기에게 고
유한 존재 속의 자신을 떠나 버렸다. 사고는 이제 더 이상 이론
적인 것이 아니다. 사고는 기능하자마자 공격하거나 화해시키
며, 끌어당기거나 밀쳐 내고, 깨뜨리고 분리시키며, 통합시키
거나 재통합시킨다. 사고는 해방하는 것이거나 노예화하는 것
이다. 무엇을 해야 한다고 말함으로써 미래를 처방하고 제시하
기도 전에, 타이르거나 한 번쯤 경종을 울려 보기도 전에, 사고
는 그 실존의 차원에서 그 단초에 있어 본래 하나의 행동, 즉 하
나의 위험한 행동인 것이다. 사드, 니체, 아르토, 바타유는 이

러한 사실을 무시하려고 노력하는 모든 사람을 대신해서 그것을 이해하였다. 그러나 헤겔, 마르크스, 프로이트도 그것을 알고 있었음에 틀림없다. 어리석게도 정치적 선택 없는 철학은 없으며, 모든 사고는 '진보적'이거나 '반동적'이라고 주장한 사람들이 그것을 몰랐다고 말할 수 있는가? 그들이 어리석은 점은 모든 사고가 한 계급의 이데올로기를 '표현한다'고 믿었다는 데 있다. 그러나 그들의 심오함은 그들이 자기도 모르게 모던 존재 양태를 직접적으로 지적했다는 데서 찾을 수 있다. 피상적으로 볼 때, 인간에 대한 지식은 그 가장 모호한 형식에 있어서조차도 윤리학, 또는 정치학과 관련된다는 점에서 자연과학과 구별된다고 말할 수 있는지 모른다. 그러나 보다 근본적으로 말한다면, 모던 사고의 특징은 인간에 대해 타자인 것이 인간과의 동일자로 되어야만 하는 영역을 향해 전진해 가고 있다는 것이라 하겠다.

인간학의 잠

인간에 대한 분석론으로서 인간학은 우리가 아직 그것으로부터 크게 이탈되어 있지 않다는 점에서 확실히 모던 사고의 한 구성요소로서의 역할을 수행해 왔다. 인간학은 재현이 자기에게 고유하고도 유일한 운동을 통해 종합과 분석의 상호작용을 결정할 능력을 상실했던 순간에 필요에 의해 등장했다. 말하자면 '나는 사고한다'가 지배하지 않는 다른 곳에서 경험직 종합이 수행되어야 할 필요가 있었다. 이러한 경험적 종합은 '나는 사고한다'의 지고성이 그 한계, 곧 인간의 유한성 ―여기서의 유한성은 살아가며, 말하며, 노동하는 개인의 유한성뿐만 아니라 사고하는 개인의 유한성까지도 포함한다― 에 도달했던 바로 그 순간에 요구되었다. 이러한 사실은 칸트가 그의 전통적인 궁극적 삼부작의 세 가지 질문에 하나의 종국적인 질문을 첨가했던 『논리학』에서 이미 정형화되었다. 말하자면 그의 세 가지 질문 '나는 무엇을 인식할 수 있는가? 나는 무엇을 행해야 하는가? 내가 기대해도 좋은 것은 무엇인가?'는 네 번째 질문, 즉 '인간은 무엇인가?'[8]라는 질문과 관련될 뿐 아니라 '그것 때문에' 제기되었음이 분명히 명기되고 있다.

우리가 살펴보았듯이, 이러한 질문은 19세기 초 이래의 사고를 관류하고 있다. 비록 칸트의 경우에는 경험적인 것과 초월적인 것 사이의 구분을 주장했음에도 이 질문은 끊임없이 은밀하게 양자 간의 혼동을 야기하고 있는 것이다. 이러한 질문에 의해 모던 철학을 특징짓는 하나의 절충적인 형태의 반성이 정립되었다. 다시 말해 모던 철학이 그 담론에서뿐만 아니라, 그 파토스에 있어서도 총력을 기울였던 인간에 대한 관심은 오랫동안 목마르게 기다려 온 인간의 통치 시대로의 회귀를 오직 소수의 아름다운 영혼의 소유자에게만 전해 주는 것이었다. 실제로 여기서 문제가 되는 것은 보다 더 산문적이요, 보다 덜 도덕적인 경험적-비판적 이중성으로서, 즉 이러한 이중성에 의해 자연, 교환, 담론으로서 인간은 스스로 자기의 유한성의 토대가 된다. 이러한 '주름pli' 속에서 초월적 기능은 자기의 독재적인 그물로 움직임 없는 회색의 경험성의 공간을 뒤엎는다. 그러나 반대로 경험적 내용들은 생기를 얻어 점차 스스로를 곧추세우는 동시에 초월성의 독재를 저 멀리 쫓아내는 담론에 즉각적으로 포섭된다. 이때 우리는 초월성과 경험성 사이의 빈 공간에서 철학이 다시 한번 깊은 잠에 빠져 있음을 발견한다. 이번에는 '독단적'인 잠이 아니라 '인간학'의 잠이다. 모던 철학의 경우, 경험적 인식은 인간과 관련된다는 전제하에서만 인식의 기초와 인식의 한계에 대한 규정과 종국적으로는 모든 진리에 대한 진리가 발견 가능한 하나의 가능한 철학적 영역으로서의 가치를 지닐 수 있다는 것이다.

사고를 그와 같이 깊은 잠에서 깨우기 위해서는, 또한 사고로 하여금 그것의 근원적 가능성을 상기할 수 있도록 하기 위해서는, 인간학적 '다면체'를 그 기초로부터 파괴할 도리밖에 없다. ― 왜냐하면, 사고는 이 잠이 너무 깊은 까닭에 이 잠을 오히려 깨어 있음으로써 체험하며, 그럼으로써 사고는 오직 자기의 내부에서 하나의 기초를 발견하기 위해 몸부림치는 독단론의 악순환을, 근본적인 철학적 사유만이 지닐 수 있는 부지런함 내지 깊은 고뇌라도 되는 양 착각하고 있기 때문이다. 아마도 우리는 니체의 경험을 인간학의 뿌리를 뽑는 시도 가운데 첫 번째 것으로 간주해야 할 것이다. 니체는 문헌학적 비판의 방식 내지 일종의 생물학주의에 입각해서, 인간과 신이 상호 간에 속해 있는 지점, 즉 신의 죽음이 인간의 소멸과 동의어가 되며, 초인에의 기대가 무엇보다도 인간의 죽음이 임박했다는 사실을 의미하는 지점을 다시 발견하였다. 여기서 니체는 이러한 미래를 약속이자 과업으로 우리에게 제시함으로써, 현대 철학이 사고하기를 재개하기 시작한 경계선을 형성하고 있는 것이다.

인간학은 칸트로부터 우리 시대에 이르기까지의 철학적 사고 노정을 지배하고 통제한 근본적인 배치를 구성하고 있다고 보아도 무방할 것이다. 이 배치는 우리 역사의 일부분을 형성하고 있다는 점에서 본질적이다. 그러나 이 배치는 오늘날 우리의 눈앞에서 해체되어 가고 있는 중이다. 오늘날 우리는 그 배치를 가능하게 했던 출발점의 망각과 임박한 새로운 형태의 사고를 막고 있는 완고한 장애물을 동시에 진단하고는 이에 대해 비판적으로 비난하기 시작한 것이다. 아직도 인간 및 인간의 지배와 해방에 관해서 말하고 싶어 하는 모든 사람, 여전히 인간은 본질적으로 무엇인가라고 자문하는 모든 사람, 인간을 진리에 도달하기 위한 시도의 출발점으로서 간주하기를 바라는 모든 사람, 그런가 하면 반대로 모든 인식을 인간 자신의 진실에 조회해 보려는 모든 사람, 인간학화하지 않고는 학문하지 않으려 하거나 탈신화화하지 않고는 신화화하기를 거부하는 모든 사람, 인간은 사고하는 존재라는 사실을 사고하지 않고는 결국 사고하지 않으려 하는 모든 사람— 이들 모두에 대해, 이처럼 왜곡되고 뒤틀린 모든 반성에 대해, 우리는 아직 일종의 철학적 웃음 —어떤 의미에서는 침묵하는— 으로나 대답할 수 있을 뿐이다.


## 8. 인간과학

### 지식의 다면체

　모던 사고 속에서 형성된 것으로서의 인간의 존재 양태는 인간으로 하여금 두 가지 역할을 하도록 한다. 즉 인간은 모든 실증적 영역의 토대 위에 있는 동시에 도저히 특권적이라고 할 수 없는 방식으로 경험적 사물들 속에 현존하고 있다. 이러한 사실 —이는 인간의 본질 일반에 관한 문제가 아니라 19세기 이래 우리의 사고의 자명한 지반으로 봉사해 온 역사적 선험에 관한 문제인데— 은 우리가 '인간과학들sciences humaines', 즉 경험적 실체로서의 인간을 그 대상으로 하는 인식의 총체에 부과할 지위를 결정해 준다.

　첫 번째로 지적되어야 할 점은 다음과 같다. 즉 인간과학들은 전체적으로 경계 지어지고 탐색도 되었지만 아직은 경작되지 않고 있는 어떤 영역을 계승한 것이 아니라는 사실, 말하자면 기왕의 과학적인 개념들이나 실증적 방법들을 가지고 경작하기만 하면 되는 그런 영역을 계승한 것이 아니라는 사실이다. 인간과학은 결코 18세기부터 인간 내지 인간 본성이라는 이름으로 하나의 공간을 양도받아 이 공간을 포괄하고 분석하게끔 된 것이 아니다. 인간과학이 출현한 것은 인간이 인식되어야 할 뿐 아니라 인식될 수 있는 대상으로서 서구 문화 속에 등장했을 때였다.

이러한 사건은 에피스테메가 일반적으로 재배치되는 상황에서 발생했다. 즉 재현의 공간이 붕괴되면서 생물은 생명의 특수한 심층에 자리잡게 되고, 부는 새로운 생산 양태의 점진적 공격에 부딪히게 되며, 단어들은 언어 발전 내에 위치하게 되는데, 이 사건은 바로 이러한 상황에서 발생한 것이다. 이러한 조건들이 주어졌을 때, 인간에 관한 인식도 필연적으로 그 과학적인 목적에 있어서는 생물학·경제학·문헌학과 동시대적이자 동일한 기원에서 출현하게 된다. 이러한 까닭에 인간에 관한 지식은 극히 자연스럽게 유럽 문화의 역사 속에서 경험적 합리성에 의해 이룩된 가장 명백한 진보의 단계들 가운데 하나로서 간주되어 왔다. 그러나 재현의 일반이론이 소멸됨과 동시에 모든 실증적 영역의 토대로서 인간의 존재에 대해 질문을 던져야 할 필요성이 부과되어 있었기 때문에, 불가피하게 하나의 불균형이 발생하지 않을 수 없었다. 말하자면 인간은 모든 인식이 직접적이며 문제성이 없는 명증적인 것으로 성립되는 데 기초가 되는 동시에, 더 나아가 인간에 관한 모든 인식을 문제 삼을 수 있도록 해 주는 존재도 되었던 것이다.

다른 한편, 고고학적 차원에서 문제 될 때의 모던 에피스테메의 전 범위는 결코 완전한 수학화라는 이상에 따라 질서화되지 않는다. 또한 그것은 형식적 순수성에서 출발하여 점차로 경험성을 획득해 가는 인식 하향적 연속으로 형성되지도 않는다. 오히려 모던 에피스테메의 영역은 세 가지 차원으로 열려져 있는 입체적 공간으로 재현되어야만 할 것이다. 이들 가운데 한 차원에는 수학과 물리학이 위치할 것이다. 이 경우에 질서는 명백하고 확증된 명제들을 항상 연역적이며 직선적으로 연결시키는 것이다. 두 번째의 차원에는 언어·생명·부의 생산과 분배에 관한 제 과학이 위치할 것이다. 여기서의 제 과학은 요소들 간의 인과 관계와 구조적인 불변요소가 확립될 수 있도록 불연속이거나 유사한 요소들을 상호 관련시키는 과학이다. 세 번째 차원은 '동일자'에 관한 사고로서 전개되는 철학적 반성의 차원이다.

인간과학들이 위치하는 장소는 바로 이러한 지식 분과들 사이의 간극, 보다 엄밀하게 말하면, 그 세 차원에 의해 규정된 입체적 공간 내이다. 이 장소에서 인간과학들은 다른 모든 인식 형태와 관련을 갖게 된다. 말하자면 인간과학은 어떤 경우에는 수학적 형식화에 종속되기도 하며, 어떤 경우에는 그것을 이용하기도 하려는 다소 가변적이지만 항상적인 계획을 지닌다. 동시에 인간과학은 생물학이나 경제학이나 언어학 등으로부터 빌려 온 모형이나 개념을 사용하기도 한다. 그런가 하면 인간과학은 경험적으로 드러난 모든 것의 관통을 목적으로 삼으면서도, 철학이 유한성의 차원에서 사고하려고 하는 인간의 존재 양태에 대한 본격적 연구에 착수한다. 인간과학의 위치 설정을 어렵게 만들 뿐 아니라 인식론적 영역에서 인간과학의 위치 관계를 극도로 불안정하게 함으로써 결국 인간과학을 위험에 빠지게 하는 것은 이 세 차원의 공간 내에서 이루어진 그 불투명한 분포일 것이다. 즉 인간과학은 이렇게 설정되었기 때문에 운명적으로 불안정할 수밖에 없는 것이다. '인간과학'의 곤경이라든가, 불안정성이라든가, 과학으로서의 불확실성이라든가, 철학과의 위험스러운 친밀함이라든가, 다른 지식 영역에의 그릇된 의존이라든가, 영원히 부차적이며 파생적인 성격이라든가, 보편성에 대한 요구 등은 흔히 언급되듯이 인간과학의 대상에 있어서의 극단적 밀도 때문에 이루어지는 것이 아니다. 또한 그 이유가 인간과학에서 말하는 이 인간의 형이상학적 상태나 지울 수 없는 초험성에 있는 것도 아니다. 그 진정한 이유는 인간과학이 위치해 있으며, 인간과학에서 공간을 제공해 주는 세 차원과 끊임없는 관계를 갖게 되는 장소, 곧 인식론적 배치의 복잡성에 있다.

세 가지 모델

대체로 인간과학의 영역은 모두가 자기 내부에서 세분되고 있고, 또 모두가 서로서로 얽혀 있는 세 개의 '과학', 보다 엄밀히 말하면 세 개의 인식론적 영역에 의해 포괄된다고 말할 수 있겠다. 이 세 영역은 세분되어 있으며 서로 교차하고 있다. 말하자면 이 세 영역은 인간과학 일반이 생물학·경제학·문헌학에 대해 맺고 있는 삼중의 관계에 의해 규정되는 것이다. 따라서 '심리학적 영역'이 자기의 장소를 발견한 곳은 생물이 자신의 기능이라든가 자기의 운동 신경 조직이라든가 생리 조절 기관 같은 것들의 연장 속에서뿐만 아니라 이러한 것들을 차단하고 제한하는 중단 속에서 표상의 가능성을 향해 개방되는 장소라고 말할 수 있겠다. 마찬가지로 '사회학적 영역'은 노동하고 생산하며 소비하는 개인이 이러한 행위가 발생하는 사회에 대한 표상이라든가, 사회의 각 부분을 구성하는 집단 내지 개인에 대한 재현이라든가, 사회를 지탱하거나 규제하는 명령·제재·의식·제사·믿음에 대한 재현을 제시하는 바로 그 장소에 자리 잡고 있을 것이다. 마지막으로 문학과 신화에 대한 연구라든가 모든 구술 표현과 기록 문서들에 대한 분석은 언어의 법칙과 형태들이 군림하고 있는, 그렇지만 이 법칙과 형태들이 언어의 가장자리에 머물면서 인간으로 하여금 그 테두리 안에서 재현의 행위를 수행할 수 있도록 해 주는 그러한 영역에 발생한다. 그렇지만 이러한 구분에는 두 개의 근본적 문제가 해결되지 않은 채 남아 있다. 그 하나는 인간과학에 고유한 실증성의 형태에 관련된다. 그다음은 인간과학과 재현과의 역설적 관계이다. (말하자면 인간과학은 재현이 존재하는 곳에서만 성립될 수 있지만, 인간과학이 지향하는 것은 무의식의 메커니즘, 혹은 형태 내지 과정이

요, 의식의 외부의 경계라는 역설적인 사실에 있는 것이다)

우리가 주지하다시피 인간과학의 영역 내에서 특정한 하나의 실증성을 추구하는 가운데 여러 가지 논쟁이 발생한다. 말하자면 발생론적 분석이냐, 구조적 분석이냐? 설명이냐, 이해냐? '심층에 은폐된 것'에 의거하느냐, 읽는다는 차원에 엄격히 고정된 독해냐? 같은 논쟁들이 발생하는 것이다. 그러나 사실상 이러한 모든 이론적 논의는 인간과학의 역사를 통틀어 제기된 적도, 추구된 적도 없다. 왜냐하면, 인간과학은 인간의 내부에 있는 너무도 복잡한 대상과 관련됨으로써 인간과학에 접근할 수 있는 하나의 방식만이라도 발견하기는커녕 오히려 여러 가지 방식을 사용할 수밖에 없었기 때문이다. 그러니까 이러한 논의들이 성립되기 위해서는 인간과학의 실증성이 세 개의 명백히 구별되는 모델의 전이transfert에 동시적으로 의존해야 하는 것이다. 여기서 문제가 되는 것은 인식론적 공간 내에서 인간과학에 고유한 배치와 영원히 결합되어 있는 하나의 사실에 관한 문제이다. 사실상 인간과학에서 사용되는 두 개의 서로 다른 종류의 모델은 구별되어야 한다. 그 한편에는 실제적인 조작 과정이 유효성을 상실한 채 이제는 오직 이미지의 역할만을 수행하는 어떤 다른 인식 영역에서 도입된 개념들(19세기 사회학에 있어서는 유기체적 은유 등)이 있었다. 그러나 다른 한편에는 구성적 모델이 있다. 이 구성적 모델은 하나의 가능한 지식을 위한 '대상들'로서의 현상들에 대한 전체적 연관 관계의 형성을 가능하게 한다. 그런가 하면 이 모델은 경험적 영역 내에서 그 현상들의 상호 관계를 보증하는 한편, 이미 상호 결합된 경험에게 그 현상들을 제공해 주기도 한다. 요컨대 이 모델은 인간과학에 고유한 인식의 공간 내에서 '범주'의 역할을 수행하고 있는 것이다. 이러한 구성적 모델은 생물학과 경제학과 언어 연구라는 세 개의 차원에서 빌려 온 것들이다.

우리는 이 세 가지 모델을 기초로 하여 19세기 이래의 인간과학의 전 역사를 재음미할 수 있을 것이다. 실제로 이 세 가지 모델은 인간과학의 역사 전체를 포괄한다고도 말할 수 있다. 왜냐하면, 오늘날 우리는 이 모델들의 특권이 한 세기도 넘게 교대해 가면서 지배한 왕조를 추적할 수 있기 때문이다. 최초의 왕조는 생물학적 모델이 지배하는 왕조이다. (인간, 인간의 영혼, 인간의 집단, 인간 사회, 인간이 말하는 언어─ 이 모든 것이 낭만주의 시대에는 실제로 그것들이 살아 있는 한에서만 생물로서 간주되었는데 그것들의 존재 양태는 유기체적이며 기능의 견지에서만 분석된다) 다음에는 경제학적 모델의 지배가 나타난다. (여기서는 인간과 인간의 모든 활동이 갈등의 장소로서 나타난다. 왜냐하면, 인간과 그의 활동은 이 갈등들에 대한 어느 정도 명확한 표현인 동시에 어느 정도 성공적인 해결책이기 때문이다) 마지막으로 콩트와 마르크스 뒤에 프로이트가 오듯이 철학적 모델의 지배 시기(해석과 숨겨진 의미의 발견이 문제시될 때)와 언어학적 모델의 지배 시기(기호화하는 체계를 구조화하거나 명료하게 만드는 것이 문제시될 때)가 나타난다. 이처럼 광범위한 변천을 겪으면서 인간과학은 생물학적 모델에 보다 밀접한 형태로부터 언어에서 차용한 모델에 흠뻑 물든 다른 형태로 변위되었다. 만일 우리가 프로이트를, 인간에 관한 지식을 문헌학적·언어학적 모델에 보다 근접시켰을 뿐 아니라 긍정적인 것과 부정적인 것 사이(정상적인 것과 병리적인 것, 이해 가능한 것과 전달 불가능한 것, 의미 있는 것과 의미 없는 것 사이)의 구분을 근본적으로 타파한 최초의 인물이었다고 상정한다면, 우리는 프로이트의 예를 통해 기능이나 갈등이나 의미 작용의 견지에서의 분석으로부터 규범이나 규칙이나 체계의 견지에서의 분석으로 이행하는 모습을 쉽게 이해할 수 있을 것이다. 말하자면 서구 문화로 하여금 한 세기 동안이나 인간에 대한 어떤 이미지를 제시할 수 있게 해 주었던 지식의 전 체계는 프로이트의 작품을 축으로 전회된다.

이로써 무의식의 문제 —무의식의 가능성이나 지위나 존재 양태나 무의식을 인식하고 드러내는 방법— 란 인간과학에 내재하거나 인간과학의 발전 단계에 우연히 조우하게 되는 문제가 아니라, 종국적인 면에서는 인간과학의 존재 자체와 동시적으로 실재하는 문제가 된다. 비의식적인 것을 해명하는 가운데서 역전되는 일종의 초월적 상승 지향은 모든 인간과학의 기본적인 구성요소가 되는 것이다. 아마도 여기서 우리는 모든 인간과학을 그것들의 본질적인 속성 가운데 가두어 둘 수 있는 수단을 발견할지도 모른다. 어쨌든 분명한 것은 인간과학의 이러한 독특한 속성을 명백히 해 주는 것이 인간이라는 저 특권적이며 기묘하게 얽혀 있는 대상 때문은 결코 아니라는 점이다. 인간과학을 구성하면서 인간과학에 특수한 영역을 제공해 주는 것이 인간이 아니라는 데는 충분한 이유가 있다. 왜냐하면, 인간과학에 장소를 제공해 주고, 인간과학을 요청하며, 인간과학을 확립시키는 —인간과학으로 하여금 인간을 대상으로 삼게 만드는— 것은 바로 에피스테메의 일반적 배치이기 때문이다. 그러므로 '인간과학'은 인간이 문제 되는 곳이면 어느 곳에서든 존재하는 것이 아니라, 무의식의 형식과 내용의 조건을 의식에서 해명하려는 규범이나 규칙이나 의미 작용의 총체에 대한 분석 —무의식석인 것에 고유한 차원 내에서의— 이 행해지는 경우에만 실재한다고 말할 수 있겠다. 그 밖의 경우에, '인간과학'에 관해 언급하는 것은 언어의 남용에 지나지 않는다.

인간과학은 고고학적으로 분석될 때, 완전히 실증적인 윤곽을 드러낸다. 그러나 이러한 윤곽들과 이 윤곽들이 모던 에피스테메에 배치된 방식이 결정되자마자, 우리는 왜 그것들이 과학일 수 없는가를 이해하게 된다. 사실상 인간과학은 생물학이나 경제학이나 문헌학(혹은 언어학)에 대한 특정의 '인접 관계'라는 상황에서라야 성립 가능했던 것이다. 인간과학은 오직 생물학이나 경제학이나 문헌학의 곁에 나란히 —혹은 그것들 아래에— 실재할 수 있을 뿐이다. 다시 말해 인간과학은 그러한 과학들이 투사된 공간 내에서만 실재하는 것이다. 그렇지만 인간과학과 생물학, 경제학, 문헌학과의 관계는 두 개의 '연관된', 혹은 '인접한' 과학 사이에 정립될 수 있는 관계와는 근본적으로 다르다. 사실상 이러한 관계는 외적인 모델이 무의식적인 것과

의식의 차원으로 이입되고, 비판적인 반성이 바로 이 모델의 출발점으로 소급하는 것을 전제한다. 그렇다면 '인간과학'을 사이비 과학이라고 말하는 것은 무의미하다. 왜냐하면, 인간과학은 전혀 과학이 아니기 때문이다. 인간과학의 실증성을 규정할 뿐 아니라 인간과학을 모던 에피스테메에 뿌리내리게 한 인간과학의 인식론적 배열은 동시에 인간과학이 과학이 되는 것을 불가능하게 만든다. 인간을 과학의 대상이 될 수 없도록 하는 것은 흔히 인간의 모호한 초월성이라고 지칭되는 인간의 환원불가능성도 아니요, 인간의 과도한 복잡성도 아니다. 서구 문화는 인간이라는 이름하에 하나의 존재를 규정하는데, 이 존재는 '지식'의 실증적 영역임에 틀림없으나, 동일한 이유에서 결코 '과학'의 대상이 될 수 없는 존재인 것이다.

### 정신분석, 민족학ethnologie(구조주의 인류학)

정신분석과 민족학은 오늘날의 지식에 있어 특권적 위치를 차지하고 있다. 그 까닭은 이 양자가 인간을 탐구하는 모든 지식 분과의 경계선에서 수많은 경험과 개념으로 가득 찬 보고를 구축했기 때문이요, 무엇보다도 불만족이라는 영원한 원리, 즉 어찌 보면 확고하게 정립된 것처럼 보이는 것에 대해 끊임없이 의문을 제기하고 비판하며 논쟁하는 원리를 형성했기 때문이다. 이러한 점에서 정신분석과 민족학은 양자가 서로에 대해 제공하는 대상과도 관련되지만 양자가 에피스테메의 일반적 공간 내에서 점하는 위치 내지는 수행하는 기능에 보다 더 깊게 관련된다.

사실상 정신분석은 인간과학의 비판적 기능에 매우 근접해 있다. 정신분석은 무의식적인 것의 담론을 의식을 통해 언표하는 것을 자신의 임무로 정립하면서, 재현과 유한성의 제 관계가 작용하고 있는 저 근본적인 영역의 방향으로 전진하고 있다. 인간과학이 의식이 분석되는 것만큼 빠르게 무의식도 해명되리라고 기대하면서 무의식에 등을 돌린 채 무의식으로 후퇴하고 있는 데 반해, 정신분석은 뚜렷한 목적을 가지고 직접적으로 무의식을 향한다. 말하자면 정신분석은 은폐된 채로 거기에 실재하는 그 무엇, 즉 사물의 자신 속에 폐쇄된 텍스트의 가시적인 텍스트 안에 있는 빈 공간의 침묵적인 견고성과 함께 실재하면서 스스로를 방어하기 위해 그러한 견고성을 이용하는 그 무엇을 향하고 있다. 정신분석은 인간과학과 동일한 길을 가면서도 시선은 다른 길에 두고 있다. 다시 말해 정신분석은 의식 내용들이 서로 분리된 채 머물러 있는 순간을 향하여 움직인다. 요컨대 인간과학은 무의식적인 것으로 역행하면서도 항상 재현 가능한 것의 공간 내에 머물러 있는 반면에, 정신분석은 이와는 달리 표상을 뛰어넘기 위해 전진하며 결국은 유한성의 견지에서 재현을 극복한다. 그리하여 정신분석은 사람들이 규범을 내포하는 기능이라든가, 규칙이 부과된 갈등이라든가, 체계를 형성하는 의미 작용을 기대하는 곳에, 체계나 규칙이나 규범이 존재할 수 있다는 단순한 사실을 밝혀낸다. 그런가 하면 우리는 재현이 여전히 의혹으로 남아 있는 이 영역에서 어떤 의미에서는 유한성의 폐쇄된 경계에 대해 개방되어 있는 재현의 가장자리에서, '죽음'과 '욕망'과 '법칙'이라는 세 개의 형상이 윤곽 지어지고 있음을 발견한다. 말하자면 생명의 기능과 규범은 침묵 속에 반복되는 죽음 속에서, 갈등과 규칙은 적나라하게 폭로된 '욕망' 속에서, 의미 작용과 체계는 동시에 '법칙'이기도 한 언어 속에서 각각 자기들의 토대를 획득하는 것이다. 정신분석의 운동을 그것이 나아가는 대로 따라가거나 인식론적 공간 전체를 두루 관찰해 보거나 한다면, 이들 형상이 사실상 모던 사고에서 분석된바, 유한성의 제 형태와 다름없음을 알게 된다. 이러한 '죽음'과 '욕망'과 '법칙'은 인간의 경험적 영역을 실증적으로 관통하는 지식의 내부에서는 결코 만날 수 없다. 그러나 이처럼 만날 수 없는 까닭은 그것들이 인간에 관한 모든 지식의 가능 조건을 지시하기 때문이다.

그러나 인간과학의 영역에서 지식 일반을 가능하게 한 것과 정신분석의 이러한 관계는 또 다른 하나의 결론을 제공한다. 이 결론에 따르면 정신분석은 순수 사변적 지식이나 인간에 관한 일반이론으로 발전할 수 없다. 말하자면 정신분석은 세심한 관찰을 기초로 하여 정립된 경험과학의 형태로는 재현의 전 영역을 관통할 수도, 재현의 한계를 피해 갈 수도, 보다 근본적인 것을 지향할 수도 없다. 정신분석의 눈부신 약진은 인간에 관한 지식뿐만 아니라 인간 자신과도 관련되는 실천을 통해서만 이루어질 수 있다. 그러므로 모든 정신분석적인 지식은 한 사람이 다른 사람의 언어를 듣고 있는 두 사람 사이의 관계 속에서 이루어지는 하나의 실천, 곧 일종의 협착과 밀접히 연관되는가 하면, 인간의 욕망을 그것이 잃어버린 대상으로부터 해방시키며, 그를 항상 반복되는 죽음의 근접으로부터 해방시키는 것이다. 이런 면에서 본다면 정신분석에는 인간에 관한 일반이론이나 인간학에 비해 낯선 것이 전혀 없다고 할 수 있겠다.

정신분석이 무의식적인 것의 차원에 위치하듯이, 민족학은 사건들의 연속보다는 문화의 조건적 불변요소를 연구한다. 민족학은 우리에게 고유한 문화를 자체의 내부에서 반성하고자 할 때 우리가 사용하는 기다란 '연대기적' 담론을 중지하는 대신에, 다른 문화적 형태들 속에서 동시대적 상호 관련성을 이끌어 낸다. 그렇지만 민족학 그 자체가 가능하기 위해서는 우리에게 고유한 역사성뿐만 아니라 민족학이 대상으로 삼을 수 있는 모든 인간의 역사성도 동시적으로 포함하는 하나의 특정한 상황 내지 하나의 절대적으로 특수한 사건에서 출발해야 한다. 실제로 민족학은 하나의 가능성에 뿌리박고 있는데, 이 가능성이란 우리 문화의 역사, 더 나아가서는 모든 역사에 내재하는 가능성이요, 순수 이론적인 양태로 우리 문화를 다른 문화와 연결시킬 수 있게 해 주는 가능성이다.

민족학이나 정신분석은 인간과학에서 취급되는 견지에서의 인간 그 자체를 문제 삼는 것이 아니라 인간 일반에 관한 지식을 가능하게 해 주는 영역을 문제 삼는다. 정신분석이나 민족학은 지식의 범위를 규정하려는 운동 속에서 지식의 범위 전체를 포괄한다. 그러나 정신분석은 정신분석적인 언어와 실천의 극한에서 유한성의 구체적 형성 등을 윤곽 짓고 있는 '절대욕망'과 '절대법칙'과 '절대죽음'을 재현의 외적 경계선상에서 밝혀내기 위해 감정이입이라고 하는 특별한 관계를 이용하는 반면에, 민족학은 서구의 '계산적 이성'이 여타의 모든 문화와 맺는 특수한 관계 속에 자리 잡고 있다. 민족학은 출발에 있어서부터 문명 내의 인간이 스스로에 대해서라든가 자신의 생명, 자신의 필요, 자신의 언어 속에 정립된 의미에 대해서 부여하는 재현을 회피한다. 그런가 하면 민족학은 그 재현들의 배후에서, 규범들과 규칙들과 체계들이 출현하고 있음을 발견한다. 그러므로 민족학과 정신분석의 특권인, 그 양자가 밀접하게 근친적이고 대칭적인 이유가 어려운 수수께끼, 즉 인간 본성의 가장 은밀한 부분을 관통하려는 양자의 공통 관심 속에서 추구되어서는 안 된다. 사실상 이 양자의 담론 공간에는 인간에 관한 모든 과학의 역사적 선험 이상의 것이 반영된다. 바로 이때 민족학과 정신분석은 모두 무의식에 관한 과학이 될 수밖에 없다. 그 까닭은 양자가 인간의 의식의 심층에 있는 어떤 것에 도달했기 때문이 아니라, 앙사가 인간의 외부에서 인간으로 하여금 그의 의식에 소여되거나 그 의식을 회피하는 어떤 것을 인식할 수 있도록 해 주는 그 무엇을 지향하고 있기 때문이다.

어쨌든, 완성과 종언에 대한 인상, 우리의 사고를 운반하고 우리의 사고에 활기를 불어넣어 주며, 아마도 수월한 사고의 약속 속에서 사고를 잠들게 하고, 우리로 하여금 새로운 무엇, 즉 여명의 빛과도 같은 그 무엇이 막 도래하고 있다고 믿도록 하는 막연한 느낌과 인상은 아마도 전혀 근거가 없는 것은 아닐 것이다. 그 인상과 느낌은 실재하며 19세기 초 이래로 반복해서 형식화되기를 결코 멈추지 않았다고 말할 수 있을 것이다. 횔덜린, 헤겔, 포이어바흐, 마르크스 모두는 하나의 사고, 혹은 하나의 문화가 종언을 고하고 있으며, 아마도 알 수 없는 심연으로부터 또 다른 것이 다가오고 있음을 확신하였을 것이다. 오늘날 우리가 두려워하는 약속과 우리가 환영하는 위험 모두는 이렇듯 가깝게 임박하였지만 양자의 임박의 차원은 동일하지 않을 것이다. 이전에는 이러한 고시告示에 의해 사고에 부과된 임무란 인간을 위해 신이 추방된 이 대지에 안정된 머무를 곳을 설립하는 일이었다. 그러나 오늘날에 있어 사고의 임무는 니체가 저 멀리서부터 전환점을 다시 한번 지시해 주었음에도, 인간의 종언으로 확인된 신의 부재나 죽음이 결코 아니다. 19세기 전체에 있어서 철학의 종언과 다가오는 문화에의 약속은 유한성의 사고와 지식의 장에 있어서 인간의 출현과 동일한 것임에는 의심의 여지가 없다. 우리 시대에 있어서 철학이 아직도 —그리고 또다시— 종언을 고해 가는 과정에 있다는 사실과, 그 철학 속에서 아마도 그것보다 더 외부적이며 그에 대립하는 것이긴 하더라도 문학뿐만 아니라 형식적 반성에 있어서도 언어에 관한 질문이 제기되고 있다는 사실은 인간이 사라져 가는 과정에 있다는 점을 의심의 여지 없이 입증해 준다.

## 역사

비록 역사는 최초의 것, 즉 모든 인간과학의 어머니이자 인간의 기억만큼이나 오래된 것이지만, 우리는 아직 역사에 대해 아무 말도 하지 않았다. 물론 역사는 실제로 인간과학의 틈에 끼지 못하거나 인간과학의 곁에 놓이지 못할 수도 있다. 그래도 역사가 근본적인 면에서 인간과학과 가장 인접해 있음은 당연하다. 이 인접 관계는 아직 규정되지 않았고 기묘하지만 소멸될 수 없는 것이다.

실제로 역사는 인간과학이 성립하기 훨씬 이전부터 실재해 왔다. 희랍 문명이 출발한 이래로 역사는 서구 문화에 있어 여러 가지 주요한 기능을 수행해 왔다. 이러한 '역사Histoire'를 특징짓는 것, 달리 말해서 최소한 우리 시대의 역사와는 대립적으로 역사를 그것의 일반적인 특징 속에서 규정하는 것은 다음과 같은 점이다. 말하자면 역사는 인간존재의 시간을 세계의 발전에 따라 질서화한다든가(일종의 거대한 우주 연대기처럼), 혹은 역으로 인간의 운명의 원리와 운동을 자연의 최소 부분에까지 확장시킨다든가(기독교적 섭리에서처럼) 함으로써, 모든 인간뿐 아니라 사물과 동물, 생물과 무생물을 총망라한 자연의 가장 미세한 부분들까지도 동일한 추세라든가, 동일한 몰락이나 상승이나 순환 속에 통일적으로 포함시키는 하나의 거대한 시간의 흐름으로 인식되었던 것이다. 그러나 이러한 통일성은 19세기 초반, 즉 서구의 에피스테메의 대격변기에 산산히 분해된다. 사람들은 자연에 고유한 역사성이 존재한다는 사실을 발견했으며, 생물의 광범위한 유형들 각각에 대해 환경에의 적응 형태를 규정함으로써 결과적으로 각 유형의 생물에 있어서 진화의 윤곽을 그려 낼 수 있게 되었다. 그런가 하면 사람들은 노동이나 언어와 같은 인간에게 고유한 활동들 내에는 하나의 역사성이 내포되어 있으며 이 역사성은 결코 사물과 인간에게 공통적인 장소로 환원될 수 없다는 사실을 발견해 냈다. 즉 생산은 그 나름의 발전 양식을 지니고, 자본은 자기 나름의 축적 양태를 지니며, 가격은 자기에 고유한 변동 내지 변화의 법칙을 지니고 있으므로, 이러한 것들은 결코 자연법칙에 끼워 맞춰지거나 인간성의 일반적 진보에로 환원될 수 없는 것이다.

우리가 일반적으로 믿는 바에 따르면, 19세기에는 주로 정치적·사회적 이유에서 인류의 역사에 보다 깊은 주의가 기울여졌으며, 시간의 연속적인 질서 내지 평면에 대한 관념은 중단 없는 진보에 대한 관념과 더불어 포기되었으며, 자신의 상승을 다시 기술하려 했던 부르주아 계급은 자신의 승전의 이력 속에서 제도의 역사적 권위라든가, 관습과 믿음의 무게라든가, 투쟁의 격렬함이라든가, 성공과 실패의 교체를 경험했다고 간주된다. 또한 우리는 인간 속에서 발생되는 역사성은 이를 기초로 하여 인간이 만든 물건, 인간이 말하는 언어, 더 나아가 생명에까지 확장되었다고 상정한다. 그러나 실제에 있어서는 그 반대의 현상이 일어났다. 말하자면 사물들이 먼저 자신에게 고유한 역사성을 수용하였는데, 이 역사성은 사물과 인간을 동일한 시간 계열에 묶어 두었던 연속적 공간으로부터 사물을 해방시켰던 것이다. 이로써 인간은 자신의 역사에서 가장 명백한 내용을 구성해 주었던 어떤 것을 상실했다. 이제 자연은 결코 이전처럼 인간에게 세계의 창조나 종말에 대해서도, 인간의 의존성이나 임박한 인간의 심판에 대해서도 말해 주지 않는다. 자연은 이제 자연의 시간에 대해서만 이야기할 뿐이다. 요컨대 인간존재는 어떤 역사도 갖지 않는다. 좀 더 정확히 말하면, 인간은 말하고 일하고 살아가는 과정에서 자신에 대해 종속적이지도 동질적이지도 않은 여러 가지의 역사와 자기 나름대로 뒤엉켜 있을 뿐인 것이다. 19세기 초에 출현한 인간은 고전주의 시대의 지식으로부터 연장되었던 공간을 지역화하는 동시에 이 지역화된 영역들을 각자에 고유한 발전 과정에 따라 추적함으로써 결국 '탈역사화'된다.

이 당시에 과거에 부여된 상상적 가치라든가, 이 시대에 역사의식을 감싸고 있던 서정적 후광이라든가, 기록 문서나 흔적에 대한 이 시기의 생생한 호기심 같은 것들은, 이 시대의 인간이 역사를 상실했다는 사실에 대한, 그러나 그는 이미 자신의 고유한 존재의 심연에, 또한 자기의 이미지를 여전히 반영하고 있는 모든 사물 사이에서 본질적으로 인간 자체와 연결된 하나의 역사성을 회복하기 시작하고 있었다는 사실에 대한 소박한 표현에 불과하다. 그러나 이 역사성은 이내 모호해진다. 그러나 이 경우에 인간 자신이 역사적인 것은 아니다. 시간은 인간 이외의 어디선가에서 인간에게 다가오는 것이기 때문에, 인간이 역사의 주체로서 성립되기 위해서는 존재자들의 역사와 사물의 역사와 단어들의 역사가 중첩되어야만 한다. 말하자면 인간은 이러한 역사들에 내포된 순수 사건들에 종속되어 있는 것이다. 그러나 이처럼 단순한 수동적 관계는 즉각적으로 역전된다. 왜냐하면, 언어에 있어서 말하는 주체, 경제 행위에 있어서 일하고 소비하는 주체, 인간의 생에 있어서 살아가는 주체는 다름 아닌 인간 그 자신이기 때문이다. 이러한 이유에서 인간 역시 존재 및 사물과 마찬가지로, 실증적인 생성에 대해 하나의 권리를 갖는다. 말하자면 인간으로 하여금 스스로 적응하여 어느 생물에 못지않게 진화할 수 있도록 해 주는 것, 인간으로 하여금 생산 형태와 경제 법칙에 대한 의식을 획득하고 그 위나 주변에 제도를 수립함으로써 생산 형태를 창안할 수 있도록 해 주며 경제 법칙의 효력을 인정 내지 연장 내지 축소시킬 수 있도록 해 주는 것, 또한 모든 언표된 단어를 통해 언어에게 끊임없이 일종의 내적 압력을 가함으로써 인간으로 하여금 부지불식간에 언어를 변형시킬 수 있도록 해 주는 것, 그리하여 실증적 제 영역의 역사 뒤에는 또 하나의 보다 근본적인 역사, 즉 인간 자신의 역사가 출현한다. 그러나 이 역사는 인간의 존재 자체에 관심을 갖는 역사이다. 왜냐하면, 인간은 이제 자신을 중심으로 한 '역사'를 '소유'할 뿐 아니라, 자기에게 고유한 역사성에 의해 인간 생명의 역사라든가, 경제의 역사라든가, 언어의 역사를 그려 낼 수 있음을 깨닫기 때문이다. 이러한 자각의 심연에는 인간과 관련된 하나의 역사성이 실재한다. 이 역사성은 인간 자신의 역사이기도 하지만, 여타 모든 역사의 토대가 되는 근본적인 분산성이기도 하다. 19세기가 주의 깊게 모든 것을 역사화하고, 모든 것에 관한 일반사를 서술하며 시간 속에서 끊임없이 소급해 가서는 가장 정적인 사물조차도 시간에 의해 해방시키려고 노력했던 것은 바로 이 근본적인 침식 작용에 의해서였다. 여기서 우리는 우리가 전통적으로 '역사Histoire'

의 역사를 서술해 온 방식을 수정해야 함을 다시 한번 확인하게 된다. 통상적으로 우리는 19세기에는 사건들의 시간적 나열이라든가 개인과 우연적 사건들만이 등장하는 과거에 관한 단순한 회상이 종언을 고했으며, 생성의 일반법칙을 추구하려는 노력이 시작되었다고 주장해 왔다. 그러나 실제로는, 고전주의 시대의 역사보다 더 '설명적'이며 일반법칙과 불변적인 것에 몰두한 역사는 결코 없었다. 19세기에 최초로 빛을 발하게 된 것이라야 인간의 역사성이라는 단순한 형식 ─인간 자신이 하나의 사건이 된다는 사실─ 밖에는 없다. 여기서 두 가지 관심이 재고된다. 그 하나는 인간의 역사성이라는 순수 형식을 위한 법칙을 발견하려는 관심이요, 그다음은 이 형식을 인간이 살아가고, 일하고, 말하고, 생각한다는 사실에서 출발하여 그것을 규정하려는 관심이다. 이로써 우리는 역사를 생물의 한 종으로서의 인간이라는 관점에서, 혹은 경제 법칙이라는 관점에서, 혹은 문화적 총체성이라는 관점에서 해석하게 되는 것이다.

# 3장
## 두 지성사적 배경

### 1. 칸트

**비판철학의 문제의식으로의 진입**

칸트가 『순수이성비판』 제1판을 위해 쓴 머리말은 제2판에서 새로운 머리말로 대체되는데, 여기에서 칸트는 좀 더 상세히, 그리고 더욱 성숙한 위치에서 자기의 입장을 개진한다. 칸트는 두 머리말에서 공통적으로 형이상학meta-physics의 위치 상황을 신랄하게 묘사한다. 그는 이 저작의 마지막 장에 붙인 제목이기도 한 "이성의 역사"의 의미에서, 이제까지의 형이상학적 사고가 이룩한 경험들, 그리고 이것들에 관한 그 자신의 견해, 또

이로부터 그가 끌어내려고 생각하는 결론들을 기술한다. 그래서 거기에는 칸트가 바라보고 있는 학문적 이성 일반의 현황이 드러나 있다. 그는 예컨대 수학, 물리학, 논리학과 같은 여러 인식 영역이 이성 역사의 진행과 더불어 학문성의 위치에 올라섰지만, 형이상학은 아직 거기에 훨씬 미치지 못하고 있다고 확인한다.

우선, 칸트는 어떤 학문이 학문성을 가지고 있다는 징후로 다음과 같은 것을 꼽는다. 어떤 학문이 진정한 의미에서 학문이라면, 첫째로 그 분야에서 일하는 연구가들이 다툼의 상태에서 출발해서 합치의 상태에 이를 수 있는 방식으로 공동작업이 가능하다. 둘째로 그렇게 함으로써, 그 학문 분야의 역사적인 전개에서 연속성이 유지되어야 하고, 그래서 후배는 선배가 이루어 놓은 토대 위에서 계속 작업을 할 수 있다. 수학과 물리학에서의 사태 진행이 그렇다는 것이다. 그러나 형이상학은 이와 다른 모습을 보여 주고 있고, 그렇기 때문에 그것은 아직 학문이라는 명칭을 쓸 만하지 못하다 한다. 형이상학의 종래의 형태는 한낱 "더듬거리며 헤매고 다니는 것"이었으며, 그것도 아주 나쁜 것이, 오로지 개념들 사이에서 그리하고 있다는 것이다. 그러므로 학문의 위상을 위해 형이상학이 이제까지 결여하고 있는 것은 확실성, 계획성, 함께 일하는 사람들 사이의 합치 등이다. 이런 것 대신에 철학자들은 고집만 부리고, 다툼의 상태에 머물러 있다.

그런데 칸트는, 형이상학의 이런 상황이 형이상학의 역사에 등장한 개개 사상가의 무능이나 악의 탓이라기보다는, "이성의 본성" 자체에서 기인하는 것이라고 강조한다. 제1판 머리말의 첫 문장은 인간의 이성이 형이상학적 사고의 영역에서 특수한 운명을 가지고 있음을 설명한다. 즉 인간의 이성은 "이성의 자연본성 자체로부터 부과된 것이기 때문에 물리칠 수도 없고 그의 전 능력을 벗어나는 것이어서 대답할 수도 없는 문제들로 인해 괴롭힘을 당하고 있다"는 것이다. 그러니까 이성은 자기 잘못 없이도 이러한 곤혹스러움에 빠진다. 처음에 이성은 경험으로부터 경험에서 입증되는 몇몇 원칙들을 채택하도록 강요당한다. 이렇게 해서 얻은 개념적인 도구를 가지고서 이성은 점차로 멀리 떨어져 있는 최초의 조건에까지 소급해 올라간다. 그러나 그때 이성은 결코 종점에는 이르지 못하고, 이제는 명제들을 주장하는 일이 불가피하다고 본다. 이런 식으로 이성은 모호함과 모순으로 추락한다는 것이다.

이성의 필연적인 진행 과정은 형이상학적 사고의 역사에서 처음에는 독단론자들의 "전제적" 지배가 있으면, 그다음에는 회의론자들의 "무정부적" 지배가 뒤따름을 보어 준다. "그럼에도 그것은 동시에… 장차 학문들을 개조하고 계몽하는 근원이요, 적어도 서곡인 것이다." 이 계몽을 순수이성비판이 수행해 내야 할 것이며, 이를 통해 이성은 자기 자신에 관해, 그것의 가능성과 한계를 명료하게 한다.

그런데, '순수이성비판'이라는 제목은 이성이 서로 다른 두 역할을 담당함을 지시한다. 이성은 한편으로는 비판을 행하는 주무 기관이자, 동시에 다른 한편으로는 비판을 당하는 대상이기도 한 것이다. 이성은 자신의 앞에서 자신의 정당성을 해명한다. 여기에서 칸트의 역사의식적인 사상이 드러난다. 그는 바야흐로 이성이 순수이성으로서 자신을 검사할 기관을 만들어, 자기 자신의, 이제까지 역사적으로 형성된 형식들을 자신의 심판석에 소환해야 할 시대가 도래했다고 보는 것이다. 이성은 비판을 행하고, 자기 자신의 일 처리에서 무엇이 올발랐고 무엇이 그릇되었는지를 검사한다. 그 자리에서 무엇보다도 문젯거리는, 순수한 인간 이성의 상황을 대표적으로 반영하고 있는 형이상학이다. 칸트는, 이제 자기의 "시대"에, 순수이성의 위임을 받아 재판 절차를 개시하기 위해서는, 이제까지 이성의 역사에 등장했던 학설들을 앞에 세워야 함을 안다. 그래서 이성은 한편으로는 역사적으로 생성된 형식으로서, 동시에 다른 한편으로는 검사하는 진리 기관으로 등장한다. 칸트는 이렇게 말한다. "우리 시대는 진정한 비판의 시대요, 모든 것은 비판에 부쳐져야 한다. … 이성은 오직, 그의 자유롭고 공명한 검토를 견뎌 낼 수 있는 것에 대해서만 꾸밈없는 존경을 승인한다." 또한, 칸트는 이성에 다음과 같은 일을 촉구한다. 즉 "이성이 하는 업무들 중에서도 가장 어려운 것인 자기 인식의 일에 새로이 착수하고, 하나의 법정을 설치하여, 정당한 주장을 펴는 이성은 보호하고, 반면에 근거 없는 모든 월권에 대해서는 강권적 명령에 의해서가 아니라 이성의 영구불변적인 법칙에 의거해 거절할 수 있을 것을 요구한다. 이 법정이 다름 아닌 **순수이성비판** 바로 그것이다."

## 코페르니쿠스적 실행

순수이성비판은 "그" 이성 자신이 자기를 역사적인 생성 과정이자 동시에 생성된 결실들의 총괄로 파악함을 전제한다. 그러나 이성은 자신을 검사하고 정당성을 부여할 수 있는 입지점을 얻기 위해서 이제까지의 모든 결실을 뛰어넘어 간다. 의식의 이런 반성적 행보를 위한 위대한 실례를 천문학자 코페르니쿠스가 제공했다. 그는 이 세계를 자신의 몸이 딛고 서 있는 장소(지구)로부터가 아니라 태양을 중심에 두고 기술함으로써, 그 자신을 말하자면 깊숙이 들여다볼 수 있는 입지점을 얻기 위해 지상적 존재자에게 어울리는 시야와 조망을 뛰어넘었던 것이다. 이런 반성적 행보는 자유에 의한 활동이었다. 동시에 이 자유는 의식이 지금 자기에게 나타나 있는 천문학적인 상을 자기 자신이 자유롭게 세운 가설의 결과라고 파악하는, 바로 그러한 위치이기도 했다.

칸트가 근대 자연과학의 의식의 역사에서 실제로 일어난 바를 기술하고 있는 제2판 머리말의 한 대목은 이를 반영하고 있다. 즉 칸트는 코페르니쿠스적 실행에 의해 얻어진 근대적 의식의 위치를 장래의 학문적 사고의 기본 구조의 표준이라고 천

명함으로씨, 그 자신이 철학에서의 '코페르니쿠스적 전환'을 수행한다. 이런 의식은 자기 본래의 자연스러운 위치를 넘어간 것이고, 자기 안에서 위치를 보며, 그 한계와 가능성을 인식한다. 그러나 이 넘어감/이행에 의해 의식은 동시에 세계 기술記述을 위한 좌표점으로 세계 내의 이 점이나 저 점을 선택할 수 있는 자기 자신의 자유 또한 경험했다. 코페르니쿠스는 태양이 위치한 점을 선택했고, 그로써 여러 가지 계산이 단순해지고, 이 계산의 단순성이 그의 선택이 옳다는 것을 입증해 준다는 것('오컴의 면도날')을 경험했다. 형이상학자meta-physician 칸트도 이에 유비하여 그 실험의 자유를 자신을 위해 요구한다. 이 경우 그는 단지, 이성으로 하여금 일차적으로 자기가 세계의 대상들을 마주해서 자신의 위치를 정하는 하나의 가설을 생각해 보게 함으로써, 자기 자신을 시험하도록 한다. 만약 어떤 가정을 받아들임으로써 이제까지의 전제들 아래서는 불가피하게 마주치는 이성의 자기 자신과의 상충이 제거된다면, 이성의 이 실험은 이 가정이 가可하다고 결정한 것이고, 그것은 이론으로 통용될 수 있다. 이 가설은 코페르니쿠스적 자유의 바탕 위에서 생겨난 것이며, 동시에 자유를 내용으로 갖는다. 즉 이 가설은 이제까지 지성이 대상의 확고부동한 "본질"을 획득하기 위해 애쓰도록 강요받은 것과는 반대로, 우리가 이제부터 지성을 "부동不動적"인 것으로, 그리고 동시에 세계 조망을 위한 척도로 보고, 그 반면에 대상들은 지성을 중심에 두고 운동하는 깃으로 받아들일 것을 제안한다. 칸트의 입론과 거기에서 수행된 대상에 대한 주관의 참된 지위의 코페르니쿠스적 전환은, 이성이 이제부터 자신을 올바르게 이해하고, 자기 자신의 관념들을 그릇되게 해석하지 않으며, 그것들을 가지고서 옳은 일에 착수할 줄 안다는 것의 표현이자 이를 위한 전제로서 타당하다는 것을 이제 드러낼 것이다.

또한, 칸트는 점차로 천문학적 관계들에 대한 시선으로 "사고방식의 혁명"에 대해서도 언급한다. 이는 자연 연구가들에게서는 이미 이루어진 것으로, 이제 철학 분야에서도 의식하지 않으면 안 되는 것이다. 이것은 이성을 재판관에 비유한, 자주 인용되는 문장에서 표현되고 있다. 사람들이 자연과학이 **경험적 원리들**에 기초해서 연구되기 시작한 이래의 자연과학의 역사를 일별해 보면, 그러한 "학문의 대로"를 발견하게 된 것은 기껏 "한 세기 반" 전前의 일이라는 사실이 드러날 것이다. 경험적 자연과학의 학문성의 출생 시간은 그에 앞서 있던 "사고방식의 혁명"과 결부되어 있다. 이 역사적인 혁명을 칸트는 다음과 같이 소묘한다. "갈릴레이가 그 자신이 선택한 무게를 가진 그의 공들을 경사면에서 굴렸을 때, … 모든 자연 연구가에게 한 줄기 광명이 나타났다. 그들이 파악한 것은 이성은 단지 그 자신이 그 자신의 기획에 따라서 산출한 것만을 통찰한다는 것, 곧 이성은 그의 판단의 원리들을 가지고 항구적인 법칙에 따라 앞서 나가면서 자연으로 하여금 그의 물음들에 답하도록 시킴에 틀림이 없지만, … 오로지 자연이 시키는 대로만 걷는 것은 아니라는 것이다. … 이성은 한 손에는 그에 따라서만 일치하는 현상들이 법칙들에 타당할 수 있는 그 자신의 원리들을 가지고, 다른 손에는 저 원리들에 따라서 고안된 실험을 가지고서 자연으로 나갈 수밖에 없다. 그것도 이성은, 교사가 원하는 것을 모두 진술하게 되는 학생의 자격으로서가 아니라, 증인으로 하여금 그가 제기하는 물음들에 답하도록 강요하는 임명된 재판관의 자격으로 자연에서 배우기 위해 그렇게 한다." 자연과학은 수 세기 동안 한낱 이리저리 더듬으며 헤매고 다니고 있었음에도, 자신이 먼저 질문 설정을 위한 기획을 내놓고 자연을 통해 그 답을 얻어야 한다는 혁명적 착상을 함으로써 "학문의 안전한 길에 들어섰다"는 것이다.

순수이성비판은 형이상학을 학문으로서 세우기 위해서는 선행해야만 하는 것이다. 그것은 "방법에 대한 논구로서, 하나의 학문 체계 자체는 아니다." 그렇지만 그것은 단지 길만을 표시하고 있는 것이 아니라, 동시에 그 길이 뻗어 있는 지역을, 첫째로는 "전체 윤곽"을, 그다음에는 내부 구역과 외부와의 경계를 표시하고 있다. 무릇 순수사변이성은 스스로 법칙을 세우고, 사실적 언표言表들이 가능한 것으로 입증될 수 있는 영역을 구획하는 것을 자신의 특성으로 가지니 말이다. 순수사변이성이 과제로 삼는 바는, "그가 사고를 위해 객관들을 어떻게 선택하는가 하는 여러 방식에 따라" 자기 자신의 능력을 측정하고, "과제들을 제출하는 갖가지 방식을 완벽하게 열거하여 하나의 형이상학의 체계를 위한 전 윤곽"을 그려 낼 수 있고 그려 내는 것이다. 이에 더하여, 선험적으로 인식하는 주관이 스스로 기획한 작업 계획에서 가능한 대상들로 예상했던 사태들에 대해 어떤 태도를 취하는가 하는 반성이 관여한다. 이렇게 해서 주관은 인간의 행위 영역에서 일어나는 것이 어느 범위까지 자연의 메커니즘의 영역에 속하며, 이 영역에서 자유가 어떤 관점에서 표준 척도가 되는지 구별하는 것을 배운다. 만약 비판이 이러한 구별을 해내고, 이를 통해 자유와 자연 메커니즘의 모순 없는 공존을 생각할 수 있는 것으로 밝혀낸다면, 비판은 자기 자신에 대한 만족할 만한 상像을 기획해 낸 것이다. 왜냐하면, 이제 자연의 인간에 대한 요구는 자유 경험과의 모순 속에서 등장할 필요가 없어지기 때문이다.

## 비판철학의 이념

칸트에게 중요한 일은, 전통적인 의미에서의, 그리고 통상적인 사고 양식에서의 형이상학적 물음들에 대해 새로운 대답을 제시하는 것이 아니다. 오히려 그의 중요 관심사는, 형이상학적 물음과 대답을 비로소 가능하게 하는 기초가 놓일 새로운 비판적 학문을 개발하고 발전시키는 일이다. 칸트가 『순수이성비판』에서 발전시키는 새로운 학문을 위해서는 이성 인식의 "격리"가 요구되는데, 그 이유는 이성이 경험적인 원리들과 뒤섞이지 않고서 그것들에서 독립적으로 자기 자신으로부터 자기 자신의 가능성을 인식하는 것이 일의 요체이기 때문이다.

그것을 가능하게 하는 조건들이 제시되어야 할 형이상학은 일단 선험先驗적 학문으로 기도된다. 이 기도에서 다른 선험적인 학문들, 예컨대 수학이나 논리학 및 순수 역학 등을 참조하는 것은 유익한 일이다. 이 학문들은 그것들의 언표들이 보편타당하고 필연적임으로 해서 그것들의 선험적 성격을 증명한다. 보편타당성이 모든 이성적 주관들로부터의 인정認定을 확보하는가 하면, 한 학문의 언표들의 필연성은 그것의 대상들이 어떠한 우연도 배제하는 하나의 법칙 아래에 있다는 사실에 기초해 있다. 순수이성비판의 물음은 결국 수학이나 논리학에서와 같은 선험적 인식이 어떻게 가능한가 하는 문제에 집중된다. 그러나 물론 최종적인 관심의 표적은 학문으로서 형이상학의 가능성 정초이다.

이때, 형이상학적 이론들이 이미 상당수 실제로 등장했다는 사실을 증거로 끌어댈 수는 없다. 오히려 칸트에게 문제는, 이제까지 실제로 나타난 형이상학적 이론이 하나도 학문적 위치에 이르지 못했음을 입증하는 것이기 때문이다. 칸트의 견해에 따르면 이제까지 등장했던 형이상학은 다소간 정도의 차이는 있으나 모두가 학문이라는 명칭을 사용할 만하지 못하고,

단지, 이성의 소질적인 형이상학에 대한 필요욕구를 소박하게, 그리고 맹목적으로 충족시킨 것에 지나지 않는다.

순수이성비판은 모든 가능한 선험적 인식의 성과 전체의 설계도를 기획한다. 그것은 선험적 인식을 가능하게 하는 조건들을 분명하게 밝혀내고, 그렇기에 그것은 "**초월**transcendental**철학**"의 시작이자 이념이다. 여기서 칸트는 전통적으로 통용되던 '초월철학'이라는 용어에 새로운 의미를 부여한다.

칸트 자신이 그렇게 불렀듯이 "옛사람들의 초월철학"은 신이 자연에서 현실화했던 최고 보편 개념들의 이론이었다. 그러한 보편적 원리적 개념들이란 예컨대 참임, 선함, 하나 등이었다. 그것들은 그 안에서 개별자를 하나이고, 참이고, 선한 것이라고 말할 수 있고, 또 가능하게 되는 보편적인 틀로 이해되었으므로, 초월자라고 이름 붙여졌다. 그것들은 개별자를 초월하면서도 포괄하는 개념들이다. 칸트로서는 그의 코페르니쿠스적 전환 이후에는 이런 초월철학의 신神 이성론적 전제를 더 이상 용인할 수 없었다. 따라서 그는 이제 개별자를 가능하게 하는 보편적인 개념들과 원리들을 주관 안에서 찾는다. 주관은 이것들에 의거해서 객관적 학문으로의 길을 걸을 수 있을 것이다. 그리하여 초월철학은 이제까지의 형이상학보다 한 단계 더 높은 반성으로 나아간다. 초월철학이 형이상학적 인식을 가능하게 하는 조건들을 탐구하는 한에서, 초월철학은 형이상학의 형이상학인 것이다. 형이상학적 인식은 선험적 인식의 특수 경우이다. 초월철학은 모든 선험적 인식을 가능하게 하는 주관적 조건들을 다룬다. **초월적 인식이란, "대상들이 아니라, 대상들에 대한 우리의 인식 방식을 이것이 선험적으로 가능하다고 하는 한에서 일반적으로 다루는"** 그런 인식을 말한다. 그러므로 그것은 선험적으로 인식되어야만 하는 그러한 대상들에 마주해 있는 주관의 지위에 관해 반성한다. 예컨대 수학은, 또는 형이상학도, 대상들에 대한 선험적 인식이지만, **초월철학은 스스로 선험적인 방식으로 그러한 선험적 인식들을 가능하게 하는 조건들을 탐구한다.**

참고로, 『순수이성비판』의 제목에서 "이성"을 말할 때, 이 이성이라는 것을 어떤 재능이나 "능력"으로 이해해서는 안 된다. 이 이성은 그보다는 차라리 사고의 수행, 활동, 운동들의 총괄이다. 사적인, 그때그때 우리에게 귀속하는 감각이나 감정의 권역으로부터 공감의 공동성과 공개성으로의 이해도 이에 속한다. 이성은 책 제목의 이의=義성에서 암시되듯이, 최종적으로는 자기 자신과의 내화의 역사로서 자신을 드러낼 것이다. 책 제목에서의 이성은 비판하는 주무 기관이면서 동시에 비판받는 사고를 뜻하는 것이니 말이다. 묶인 말 '순수이성'에서 "순수"라는 형용사는 문제 삼고 있는 이성이 모든 경험에 앞서 인식하는 이성이며, 이 이성은 자기 자신의 원천에서 유래한, **경험 개념들이 혼합되어 있거나 뒤섞여 있지 않은** 그러한 개념들만을 이용하여 기능함을 말하고자 한다.

그래서 초월철학은 종별種別적-주관적 인식의 근원적 원천들을 들춰내고, 그로써 주관성 이론을 세우는 것 또한 과제로 갖는다. 그때 뚜렷하게 드러나는 바는, 인간의 주관이 감성적 직관의 과정에서 인식되어야 할 사태事態가 "주어져" 있지 않으면 안 되는 상황에 있다는 점이다. "주어진 것"과 관련을 맺음으로써만 우리 개념들은 "의의와 의미"를 얻는다. 감성적 직관을 통해 사물들이 우리에게 "주어지고", 지성understanding을 통해 그것들이 "사고된다." 칸트에 따르면, 우리의 주관적인 인식 상황은, 개념적 사고에 의해 하나의 "대상"과 관계 맺어진 직관만이 그 대상을 실제로 바라본다는 것이다. 예컨대 어떤 삼각 형상을 바라봄이 한 삼각형의 직관인 것은, 이 직관과 함께 삼각형이 동시에, 또한 "그러한 것"으로서 사고될 때뿐이다. 이 사고가 없다면 직관은 "맹목적"일 터이다.

그래서 칸트의 비판적 초월철학은 인간 주관의 근원적 인식 상황의 성격을 밝혀내고, 그리하여 객관적 인식으로 나가는 길들을 제시할 수 있기를 노린다. 칸트는 이 길들을 우선 선험적인 학문들, 즉 수학과 일반 순수 자연과학에서 추적한다. 그는 인식비판 중에 이들 학문을 위한 일종의 "인식론/과학철학 epistemology"을 제시하는데, 그렇게 한 후에 이 사실을 선험적 주요 학문인 형이상학을 위해 끌어 쓰려는 것이다.

## 인간 주관의 인식 상황의 특성과 선험적 종합 판단

우리 인식 상황의 성격은, 사물들이 우리에게 우리의 주관성 안에서, 그리고 이 주관성의 '감성적(감각하는)' 직관 방식에 맞게 주어져야만 하고, 그리하여 우리가 이 주어진 것을 우리 지성의 통일 작업을 통해 인식할 수 있어야 한다는 것이다. 그러니까 애초부터, 우리의 감성적 직관의 방식에서 우리와 마주치는 그런 것만이 우리에 대한 대상으로 문젯거리가 되는 것이다. 이는 그것이 우리에게 공간·시간상에서 주어져 있어야 한다는 것을 뜻한다. 이 조망에서 마주치지 않는 것은 아무것도 "나에게" 대상일 수가 없다. 나는 어떠한 사물도 그 "자체로"는 인식할 수 없고, 오직 언제나 "나에게" 인식 가능한 사태들만을 인식할 수 있다. 나의 직관 작용 "방식"이 내가 오직 현상現象만을 인식할 수 있고, 아무런 사물 자체도 인식할 수 없도록 규정한다. 나는 사태가 나에게 "현상하는 바대로" 인식한다.

결합하고 사고하는 지성과 감성적인 직관 사이의 공동작업을 경험주의적 사고와 특별히 친밀한 유형에 따라 생각해서는 안 된다. 칸트의 견지에서 지성의 작업은 결합하고 통일하는 성격을 갖는 것이다. 그러나 칸트는 사고가 연결하고 비교하면서 그 위에 구축될 수 있도록 하기 위해 아무런 경험 판단들도 기초에 놓지 않는다. 오히려 칸트는 "순수한" 사고 작용과 직관 작용의 근원적인, 모든 경험을 비로소 정초하는 기능들과 활동들에 대해 묻는다. 초월철학자로서 칸트는 우선 첫째로는 "경험적" 직관을 다루지 않는다. 또한, 마찬가지로 그는 감각지각들을 대상으로 하는 지성의 추가적인 후험後驗적 결합 작업들에 대한 고찰에도 관심이 없다. 초월철학자에게 주요 관심사는 오히려 "선험적 종합"이다.

선험적으로 "주어진 것"의 선험적 종합이 어떻게 가능할 수 있을까? 이 가능성을 통찰하기 위해서는 수학을 일별하는 것이 유익하다. 예컨대 '5+7=12'라는 판단을 고찰해 보면, 여기에서 지성의 능동적인 통일 작업이 뚜렷이 보일 것이다. 무릇 12라는 개념은 1을 연이어 붙여 나가는 과정의 결과로 생겨난 것이다. 그것은 예컨대 5에다 1을 일곱 번 연이어 덧붙이면 생기는 것이다. 그에 따라 이 판단이 하나의 "종합 판단"임이 밝혀진다. 그것은 지성이 여러 개의 1을 하나로 통합한 통일 작용을 표현하고 있다. 하나의 종합 판단은 언제나, 술어가 주어 안에 이미 함유되어 있지 않고, 주어에 비로소 덧붙여져 그것과 통일되는 내용을 표현하고 있다. 그리고 하나의 종합 판단은 언제나, 술어가 주어 안에 이미 함유되어 있지 않고, 주어에 비로소 덧붙여져 그것과 통일되는 내용(종합)을 표현할 때, 눈앞에 놓인다. 반면에 술어가 이미 주어 안에 함유되어 있는 내용을 진술한다면, 그 판단은 "분석적"이라 일컬어진다. 분석 판단의 예로는 예컨대 '물체들은 연장적이다'라는 명제가 있다. 왜냐하면, 물체 개념은 공간적 연장성 개념에 의해 정의되기 때문이다.

본래 인식의 진보는 종합 인식의 편에서만 발견될 수 있음이 분명하다. 왜냐하면, 분석 판단에서는 아무런 새로운 것도 언표되지 않기 때문이다. 분석 판단의 기능은 기껏해야 학문에서 관행적인 어떤 개념이 그것의 구성 부분들로 나뉘어 탐구되고 그렇게 해서 검사받게끔 하는 데에 있다. 모든 동어반복tautology적 판단은 분석 판단이다. 인식의 획득은 종합 판단을 통해서 이루어진다. 이를 통해 한 개념이 그로부터 논리적으로 도출될 수 없는 또 다른 개념과 결합되고, 그래서 하나의 새로운, 이제까지 그 개념에 속하지 않던 내용이 그 개념에 덧붙여지기 때문이다. 그에 반해 분석 판단에서는 사고 내용이 판단의 주어의 범위를 벗어나지 못한다. 논리적 지성은 여기서 한 학문의 언표들과 개념들의 구성 성립에 주목한다. 그래서 분석 판단의 원리는 모순율 내지 동일률이다. 이 원리는 종합 판단들의 영역에서는 충분하지 않다. 왜냐하면, 여기서는, 모순적인 개념들은 아니지만, 순수하게 논리적으로 볼 때 상호 간에 아무런 관계가 없고, 상호 간에 아무런 연역 관계도 없는 그러한 개념들을 결합하는 일이 문제 되고 있기 때문이다. 형이상학에서도 인식의 진보, 다시 말해 종합 판단의 산출이 주요 문제이므로,

전체 관심이 이런 종합 판단에 쏠린다.

그래서 칸트는 흄이 종합 판단의 전형적 예인 인과 판단에 관해 했던 성찰에 특별한 주의를 기울여 살폈다. 칸트는 흄이 인과 원리라는 특수한 경우에 진행시켰던 것을 그에 대한 대답이 형이상학을 학문으로 정초할 것인 결정적인 물음을 얻기 위해서, 하나의 보편적 연관 안에서 수용하려 한다. 가령 '번개는 천둥의 원인이다', 또는 '천둥은 번개의 결과이다'와 같은 판단을 예로 든다면, 이 경우에 흄의 성찰은 다음과 같은 형식을 받아들일 터이다. 즉 한 개념에서 그것과 인과 결합에 들어서게 되는 다른 개념이 논리적으로 도출될 수는 없다. 그런데 천둥의 개념은 번개의 개념을 함유하고 있지 않으며, 그 역 또한 그러하다. 그러므로 이 두 개념을 결합시키는 인과 판단은 논리적 동일성의 끈이 아닌 다른 어떤 "끈"을 사용한 것이 틀림없다. 흄은 이것을 "연상"의 작용이라고 주장한다. 연상은, 시간적으로 잇따라 일어나는 두 사건이 언제나 다시 결합되는 것으로 관찰될 수 있을 때, 그러한 때 개시되는 마음의 연결 기제로 기능한다. 일종의 '관습'에 의해 마음 안에 이 연결이 확립되면, 마음은 이 끈이 반드시 사태 자체 안에 정초되어 있다고 "믿는다." 같은 사건 형상의 반복적인 출현에 익숙해진 마음에게는 한낱 "그것 다음에"가 "그것 때문에"로 되는 것이다.

칸트는 종합적인 인과 판단이 가령 번개라든지 천둥과 같은 한 개념에 대한 논리적 설명에 의해 성립되는 것이 아니라는 점에서는 흄의 생각이 옳다고 본다. 그래서 칸트는, 흄이 순전한 동일성과 논리적 연역이라는 끈을 인식의 성립을 위해 충분하지 않은 것으로 설명함으로써, 논리적 이성에 일종의 비판을 가한 것을 환영한다. 그러나 칸트는 흄이 원인과 결과 사이의 종합 끈을 사태에 기초하고 있는 것이 아니라 마음의 기제에 기인하는 것으로 본 점에서는 흄의 이 문제 취급 방식에 동의하지 않는다. 칸트가 중요시하는 바는, 종합 판단이 분석 판단과는 달리 어느 학문에서나 요체를 이루는 "사태"에 대한 새로운 통찰을 매개한다는 점이다. 종합에서 사유는 한 사태 개념의 한계를 뛰어넘어 또 하나의 다른 객관적 개념의 토대에 들어서며, 여기서 두 개념은 서로 결합된다.

이런 식으로 "결합"에 대한 흄의 이론을 넘어갈 수 있기 위해서는, 성찰이 그것들의 존재가 아무런 문제 없이 자명한 것으로 보이는, 후험적 종합 판단들에 머물러서는 안 된다. 칸트가 종합의 본질을 탐구하면서 닦은 새로운 길은 "선험적 종합 판단"에 이른다. 선험적 종합 판단이란 개념들 사이에, 일체의 경험에 "앞서"서 일어나는 결합을 산출하는 그런 판단이다. 순수한 일반 선험적 자연과학이 있다. 칸트 자신이 『순수이성비판』에서 바로 그것의 원칙들을 전개한다. 이 자연과학 안에서는 선험적 종합 판단만이 등장한다. 즉 여기서는 개별적인 경험적 자연 대상들에 관한 언표들이 아니라, 한 대상이 경험의 가능한 대상이기 위해서 보여야만 하는 보편적이고 정초적인 성격들에 관한 언표들이 이루어진다. 칸트 이론에 따르면 그런 것 중 하나가 인과성이다. 가령 천둥이니 번개니 하는 현상이 자연과학의 대상으로 거론될 수 있기 위해서는, 그것이 어떻게든 언제나 인과 연결에 의해 규정될 수 있어야 한다. 그것이 사태 일반이 되기 위해 충족해야만 하는 조건도 인과적 성격 일반을 포함한다. 이러한 파악에서의 인과성은 하나의 선험적 종합 "기본 판단"의 요체이다. 그래서 칸트에게 관건은, 그러한 선험적 종합 판단들을 가능하게 하는 조건들을 분명하게 밝혀내는 일이다. 그뿐만 아니라 순수한 개념들에 의한 선험적 학문의 하나인 형이상학에도 그러한 선험적 종합 판단들은 핵심 요소이다.

## 초월적 관념성과 경험적 실재성

사태들에 대한 모든 경험에 앞서 성립하는 종합적 지식이 어떻게 가능한가? 사태에 대한 경험에 앞서 성립하는 사태들에 관한 판단들이 어떻게 사태적인 타당성을 주장할 수 있는가? 그것은 공간과 시간이 "순수한" 주관적 형식들로서, 그 아래서 우리에게 현상들이 주어질 수 있고, 그로부터 객관적–실재적으로 타당한 명제들이 산출될 수 있기 때문이다. 그런데 이 직관 작용의 두 형식은 주관으로부터 제공된 것이다. 그래서 우리는 오직 **"인간의 입장에서만** 공간에 대하여, 연장적인 것 등등에 대하여 이야기할" 수 있는 것이다. 시간 또한 모든 현상 일반의 선험적인 형식적 조건이다. 공간과 시간은 주관성의 편에서 사물들을 직관하는 방식으로 기능하는 형식들이자, 동시에 우리에 대한 (대상들을 대상이도록 하는) 대상성(객관성)의 선험적 조건들이기도 하다. 칸트가 말하듯이, 그것들은 초월적인 것과 관련해 보면 관념적인, 다시 말해 주관에만 속하는 재현 작용의 방식일 따름이다. 그러나 바로 그 때문에 그것들은 우리 경험 대상들에 대한 객관적 타당성을 갖는다.

칸트는 당초부터 맛, 소리, 색깔 따위의 감각 내용들은 경험적으로 우연적인, 우리 주관성의 상태 규정들이라고 본다. 그에 반해 직관 작용의 형식들인 공간과 시간은 그에 따라 "우리의" 대상들이 우리에게 주어져 있는 주관적 방식들로 통용된다. 공간과 시간은 현상들에 관련해서는 객관적으로 타당하다. 왜냐하면, 이 현상들은 **이미 언제나** "우리에 대한" 사태들이고, 다시 말해 처음부터 우리 감관의 대상들로 기능하는 것이기 때문이다. 다시 말하여, **'감성론**aesthetics**'이란 여기서 감성의 인식 원천의 논구를 말한다.** 칸트는 애당초 감성적 직관을 지성과 동등한 권리를 갖는 우리 인식의 적극적인 원천으로 다룬다. 이것은 칸트가 처음부터 인간 주체를 그것이 편입되어 있는 물체세계에 내맡겨진 신체적 실존으로 보는 점과 연관되어 있다. 감성적 직관은 거기에서 우리에게 사물들이 직접적으로 눈과 귀앞에 있는 그런 인식 방식이다. 즉 사물들은 감성적 직관을 통해 우리에게 주어지는 것이다. 그래서 감성적 직관은 자발성을 띠는 지성과는 달리 수용적인 태도를 취한다. 다시 말하여, 내가 지금 여기에서 수행하는 구체적인 한 대상에 대한 직관은 사람들이 감각경험이라고 칭하는 영역에 속한다. 우리가 우리를 둘러싸고 있는 물체세계의 영향에 내맡겨져 있는 한에서,

우리는 물체세계로부터 "촉발"된다. 그때 성립되는 직관은 경험적이다. 이 직관에서 칸트는 감각이라고 불리는 "질료"와 "형식"을 구별해 낸다. 경험적 직관의 질료는 색깔이라든지 딱딱함 따위의 감각질들에 의해 제공되고, 형식은 공간-시간 관계들을 통해 현시된다.

그런데, 수학이나 역학의 경우에서 보듯이, 공간과 시간이 감각 내용과 아무런 관련 없이도 표준 척도로 쓰이면, 거기서는 "순수한" 직관이 문제 되고 있는 것이다. 순수 직관은 감각의 "질료"가 없는, 따라서 형식적인 것이다. 공간과 시간은 형식들이다. 그것들은 사물들이 우리에게 현존하는 방식이다. 우리가 어떤 개별적인 경험 대상을 그에 대한 직관 중에서 직관할 수 있기에 앞서, 그러한 감각이 담긴 직관을 위한 가능성이 감각 없는 "직관 일반"의 순수한 형식에서 주어져야만 한다. 그리하여 우리 주관과 공간-시간적으로 주어지는 것 일반으로서 가능한 사물들 사이의 선험적 관계가 사물들이 "어떻게" 우리와 만나는지의 "방식"으로서 분명해진다. 그래서 우리에게는 사물들 자체가 아니라 우리에 대한 사물들, 즉 "현상들"이 인식 가능하게 된다. 순수 공간과 순수 시간은 그 안에서 사태들이 우리에게 현상하는 형식들이다. 이것들 안에 감성적 직관 작용의 선험적 조건들이 주어져 있으므로, 이것들에 대한 탐구는 **초월적 감성론**의 영역에 속한다. 그래서 칸트는, "모든 선험적 감성 원리에 대한 학문을 나는 초월적 감성론이라 부른다"라고 말한다.

초월적 감성론의 성과는, 그를 통해, 사태에 대한 인식을 확장하는, 다시 말해 종합적인, 그러면서도 선험적인 판단들이 어떻게 가능한가라는 물음에 대한 대답에 한 걸음 더 가까이 다가선 데에 있다. 이 물음에 대한 대답의 제1단계에서 밝혀진 바는, 이것이 가능하다는 것이다. 왜냐하면, 직관 작용의 선험적 형식들이 있고, 이를 통해 우리 인간의 주관들에게 "우리에 대한" 사태 규정들, 다시 말해 현상들이 주어지기 때문이다. 공간과 시간 방식에서의 직관 작용은 우리의 사고 작용에게, 선험적인 판단에서 예컨대 공간의 한 부분을 다른 부분과 연결시킬 것을, 한 부분의 개념에서 벗어나서 다른 부분의 개념을 이것과 종합적으로 통합시킬 것을 촉구한다. 이를 향해 지성이 등장한다. 지성은 종합을 수행함을 과제로 안는다. 지성의 작업 도구는 개념과 판단이다. 직관의 영역에서처럼 지성의 영역에서도 경험적인 재현들과 감각이 섞여 있지 않은 순수한 재현들은 구별된다. 경험적인 재현들은 현상하는 사태의 실제적 현재를 전제한다. 감성도 순수하고 선험적인 직관의 형식을 가지고 있기는 하지만, 그런 감성에 비해서도 지성은 자발적임을 보인다. 지성의 경우에는 대상들에 의해 우리가 촉발되는 방식과는 상관이 없고, 이는 자유롭게, 그리고 가능한 대상적인 영향들의 현재와는 독립적으로 수행한다. "감성이 없다면 우리에겐 아무런 대상도 주어지지 않을 터이고, 지성이 없다면 아무런 대상도 사고되지 않을 터이다. 내용 없는 사상들은 공허하고, 개념들 없는 직관들은 맹목적이다."

여기서 칸트는 사고의 법칙, 유형, 수행 방식들을 대상으로 삼는 하나의 전통적 학문을 끌어대고 있는데, 그것은 아리스토텔레스에 의해 정초된 논리학이다. 그것은 선험적인 학문의 전형으로 생각되며, '일반 논리학'으로서 사고의 모든 특수한 내용을 사상捨象한다. 그것은 지성 사용에 특유한 순수 형식들과 유형들만을 고찰한다. 그리고, 역사적인 성찰에서 칸트는 아리스토텔레스가 논리학을 분석론과 변증론으로 나눈 것을 상기하고 있다. 그는 이 구분을 그 자신의 이성비판의 확장 건설에 이용한다. 그는 초월적 분석론을 **초월적 변증론**과 구별하는 것이다. 칸트는, 그가 '변증론'을 가상의 계획적인 산출 이론의 의미로 사용하지 않을 것이라고 설명한다. 오히려 그는 이 말을, 그것이 "철학의 위엄"에 걸맞은 바내로, "논리학의 변증적 가상의 비판"으로 이해하고자 한다. 칸트는 "초월적 분석론"이라는 제목 아래의 이성비판 부분에서 "진리의 논리학"을 제시하려 한 반면에, 초월적 변증론에서는 이성 자신의 그것으로의 경향성에서 기인한 논리적인 사취나 술책에 의해 생긴 가상을 분해하는 일을 과제로 삼는다.

## 실용적 이성과 인간학

칸트는 교사이자 저술가로서, 체계적인 문제의 전통에 대한 사고나 언어에 속하지는 않지만, 이 지상에서 다른 사람들과 함께 살아가고 있는 우리와 밀접하게 관련되어 있는 문제들에도 관심을 기울였다. 이런 분야에 속하는 것이 『실용적 관점에서의 인간학』(1798)에 대한 성찰이다.

사람들이 칸트가 직접적인 실생활과 그 문제 해결에 대해 사색하면서 묻고 대답한, 일종의 비공식적인 철학에 대해서도 이

야기하는 것은 당연한 일이다. 이런 의미에서 칸트는 계몽적인 교화 내지는 교육 기획을 수행하며, 거기에서 그는 자신의 학생들과 독자들에게 그 안에서 우리가 인간으로 실현하고, 살아가며, 주장해야 할 세계에 관한 경험들을 열어 준다. 여기서의 과제는 우리가 실용적인 면에서 알 수 있고 할 수 있는 것들을 지각하기 위해, 무엇보다도 세계와 인간에 대한 지식을 얻는 일이다. 그때 획득해야 할 "세계 지식"은 자연과 인간에 대한 경험들로써 이루어질 것으로서, 행위하는, 내지는 실용적인 이성의 영역에 속하는 것이다. 칸트의 체계적인 철학에 속하는 순수한 이성 인식들이 이론이성이나 실천이성에 고향을 둔 것이라면, 실용적 이성은 더 많이 "경험"과 관련되어 있다. 이 경험을 "우리는 감각 기관들을 통해 얻는다." "그러나 무릇 우리의 감각 기관이 이 세계를 넘어서지는 못하기 때문에, 우리의 경험 인식들도 한낱 현재의 세계에 뻗칠 뿐이다." 이 세계는 외적 감각 기관의 대상인 자연과 내적 감각 기관의 대상인 "인간"의 "영혼" 영역으로 나뉜다. 그리고 이 양자가 합쳐져서 "세계 지식"을 낳는다. 인간에 대한 지식은 인간학에서 이루어진다.

실용적 이성의 의미에서의 "세계 지식"과 그에 속하는 "경험"

은 이론이성의 학문적-방법적 수행 절차를 통해 얻는 것이 아니다. 오히려 그것에는 이미 "취득한 인식들을 응용하고, 그것을 그의 지성과 사람이 처해 있는 관계들에 알맞고 유용하게 사용하거나, 우리의 인식들에 실천성을 부여하는" 기술이 속한다. 그리고 실용적 이성에게도 체계와 더불어 하나의 전체가 문제가 된다. 무릇 여기서 전체란 세계, 즉 "그 위에서 우리가 모든 경험을 해 보게 되는 무대"이다. 우리가 예컨대 인간의 본성에 관해서, 그것의 태도 방식, 약점과 강점, 적극적인 가능성과 소극적인 가능성 등을 알아내기 위해 하는 모든 경험은 그 안에 우리의 경험들을 모으는 집의 평면도를 의미하는, 미리 파악된 "세계 지식의 이념"의 징표 아래에 있다.

칸트 자신이 편찬해 낸 『실용적 관점에서의 인간학』에서는 목적론적 자연철학, 도덕철학, 역사철학, "문화"철학의 사유의 발걸음이 교차하고 있다. 칸트는 세계 지식과 세계 정위定位를 위한 그의 노력에서, "세계를 위한 철학자"와 같은 호칭으로 특징지어지는 계몽주의 운동에 있어 한몫을 담당한다. 비록 인간이 지상 피조물의 일부를 이룰 뿐이라 하더라도, 만약 사람들이 인간을 "종적 성질상으로 이성을 갖춘 지상 존재자"로 인식할 수 있다면, 그것이야말로 세계 지식이라고 불릴 만한 것이다. 인간이 **자연본성상** 무엇을 하는지를 인식하는 자연학적 인간 인식과는 반대로 실용적 인간 지식의 관심사는, 인간 자신이 "자유롭게 행위하는 존재자로서 스스로 무엇을 하고, 또는 할 수 있으며 해야만 하는지"이다. 이러한 인간학은 우리로 하여금, 우리 인간의 자연본성에 대한 지식을 통해, 사람들과의 교제에서 고려해야만 하고, 또 인간관계들의 현실을 개선하고자 할 때에 계산에 넣어야 할, 긍정적인 가능성들과 동시에 장애들을 인식할 위치에 서도록 하고자 한다.

## 2. 정신분석

프로이트 정신분석의 발견을 한마디로 옮긴다면, 두말할 것도 없이 '무의식'이라고 할 수 있을 것이다. 프로이트의 무의식은 우선 치료 경험에서 나온 것이다. 치료 경험이 우리에게 가르쳐 준 바에 따르면, 심리 현상은 의식으로 환원될 수 없을 뿐 아니라, 어떤 '내용'은 일단 저항이 극복된 다음에야 비로소 의식에 접근할 수 있다. 또한, 그러한 경험은 심리 생활이 "무의식적이지만 활동적인 생각으로 가득 채워져 있고, 그것으로부터 증상이 발생한다"는 것을 보여 준다. 그리하여 "격리된 심리집단"의 존재를 가정하게 되는 것이다. 좀 더 일반적으로, 무의식을 특별한 "심리 장소" —제2의 의식으로서가 아니라 내용과기제와 아마 특수한 "에너지"도 갖고 있는 하나의 체계로서 생각해야 하는 장소— 로 인정하지 않을 수 없다.

그런데 푸코는 명시하길, "지금까지와는 달리 역사 없는 사회의 연구에 의해 우선적으로 규정되기는커녕 어느 한 문화의 체계를 특징짓는 무의식적 과정 쪽에서 의도적으로 대상을 모색할 **민족학의 위세와 중요성**이 어떠할지는 누구나 짐작할 수 있는데, 가령 민족학은 정신분석이 언제나 전개되었던 차원 내에서민족학 일반을 구성하는 역사성의 관계를 작용하게 할 것이다. 그렇게 하면서 민족학은 한 사회의 메커니즘과 형태를 집단적환상의 압력 및 억압과 동일시할 것이고, 따라서 개인의 층위에서 분석을 통해 밝힐 수 있는 것을 비록 더 큰 규모로이지만찾아낼 것이며, 신화의 담론을 유의미하게 만들고 욕구를 규제하는 규칙에 일관성과 필연성을 부여하고 실제의 물건과는 다른 방식으로 순수한 생체 기능과는 다른 곳에서 생활 규범의 근거를 제공하는 형식상의 구조들 전체를 문화 무의식들의 체계로 규정할 것이다. '문화심리학'의 확립에 의해서나 개인의 층위에서 명백히 드러나는 현상의 사회학적 설명에 의해서가 아니라, 무의식 역시 어떤 형식적 구조를 갖는다는, 더 정확히 말해서 무의식은 본질적으로 어떤 형식적 구조라는 사실의 발견에 의해 나름대로 민족학의 차원을 공유할지 모르는 **정신분석의 유사한 중요성**도 누구나 짐작할 수 있는 바이다"(『말과 사물』, 10장, '정신분석과 민족학')라고 프로이트와 레비스트로스의 '중요성'을 언급했다.

### 구조주의 인류학

『슬픈 열대』에서 레비스트로스는 그가 대학에서 전공한 철학과 법학에 실망하고 어떻게 하여 민족학ethnology의 길로 접어들게 되었는가 하는 관심의 변화를 술회하고 있다. 이어서 그의 학문에 결정적인 영향을 준 것은 지질학에 대한 소년 시절부터의 관심과 마르크스의 방법론과 프로이트의 무의식 탐구라고 스스로 말하고 있다. 그는 프로이트의 정신분석을 처음 알았을 때, 마치 지질학에 대한 관심을 처음 느꼈을 때의 감회와 같왔다고 이야기한다. 마음의 심층이나 땅의 심층이나 겉에서 쉽게 안을 알 수 없는 그 비밀의 세계에 접근하기 위해서는 '섬세의 질'을 연마하지 않으면 안 된다. 이런 심층의 분석에 대한 호기심과 관심은 그로 하여금 마르크스의 방법론에 귀를 기울이게 만든다. 지질학이나 정신분석이나 마르크스주의를 공통으로 가로지르는 재현은 결국 무의식이다. 땅속에 숨은 지층이나 인간 정신의 밑바닥에 있는 것으로 그려지는 무의식이나 역사와 사회의 하부구조를 중시하는 발상이나 다 같이 우리로 하여금 무의식의 세계를 연상시킨다. 그다음 또 공통적인 것은, 지질학 세계나 심적 무의식이나 사회 무의식이나 모두 어떤 감각적으로 느껴지는 기호를 통하여 나타난다는 것이다. 지질학자는 땅밑 지층을 조사하기 전에 지표에서 이미 어떤 신호를 본다. 마찬가지로 정신분석은 안 보이는 무의식으로 단도직입적으로 파내려 가는 것이 아니라, 인간의 무의식이 보내는 감각적 신호를 이미 받는다. 마르크스주의도 사회 진단은 이미 '증후'로서 나타난 신호에서 출발함을 말한다. 이 모든 감각적 신호가 이른바 '기표'이다. 이 기표의 기호를 지성의 수준으로 체계화한 것이 레비스트로스에 있어서 '감각의 논리'로 전개된다.

레비스트로스는 모든 문화나 사회는 하나의 체계로서 개인 차원의 실존적 결단이나 책임, 자유의 의미와는 상관없는 '집단적 재현'의 본질을 지니고 있음을 알린다. 그리고 이런 '집단적 재현'은 아무렇게 무정형하게 존재하는 것이 아니라, 어떤 논리적 정합 체계의 상징적 질서를 구비하고 있다. 이런 관점에서 보면, 레비스트로스는 프랑스 사회학의 뒤르카임Durkheim과 모스의 전통과 맥락을 같이하고 있다. 이런 사회학의 사상에다가 소쉬르 이래로 대두된 언어학의 기호론이 첨가되어 그의 독특한 구조주의를 형성케 하였다. 그런 점에서 레비스트로스는 사회나 문화의 '집단재현'적 체계와 언어의 구조 사이에 어떤 유비가 있다고 보았다. 따라서 사회의 '집단재현'과 기호 체계로서의 언어와의 유비성이나 유사성의 이론은 우리가 무의식이라 부르는 사회생활의 정신적 구조에서 파생되는 모든 행동이나 감정 표출을 그러한 것으로 결정지어 주는 '선험적' 규정의 역할을 한다. 그런 유사성 이론은 동시에 토템이라든가, 결혼과 친족의 구조라든가, 또는 신화 등을 분석 이해케 하는 도구가 되기도 한다. 요컨대 사회의 무의식적 구조는 언어의 심층 구조와 같은 논리와 기능을 갖고 있다는 이론에서 레비스트로스의 사상이 출발하고 있다.

그런 점에서 이 '무의식' 개념이 사회와 인간 정신을 공통적으로 연결시켜 주는 가교의 역할을 한다. 레비스트로스의 '무의식'의 뜻은, ① 하나의 형식이거나, 또는 공허한 형식들의 집합체이거나 장치의 성질을 지니고 있다. 그래서 그 형식은 그 형식에 담겨지는 내용보다 논리적으로 앞서고 있다. ② 공허한 형식으로서의 무의식은 논리적이며 인지적 속성을 지니고 있어서 그 무의식에 주어지는 내용에 대하여 법칙성의 무게를 갖는다. 이런 레비스트로스의 사유 체계는 칸트의 초월주의 철학과 이웃하고 있음을 쉽게 파악할 수 있다. ③ 이와 같은 무의식의 법칙은 레비스트로스에게 있어서는 사실상 두뇌의 사고 작용의 법칙과 통한다. 그러면 인간 두뇌의 사고 법칙은 어떻게 작용하는가? 레비스트로스에 의하면 그 법칙은 '이항적 대립'이라고 번역된다. '대립'의 개념은 소쉬르에 의한 구조언어학의 소산이다. 특히 음운론에 있어서 '음운론적 대립'은 둘 이상의 변별적인 단위들 사이에서 생기는 차이를 말한다. 그러므로 언어의 가치는 대립되는 항들 사이의 관계에서 결정된다. 이런 원칙을 로만 야콥슨은 음운론적으로 보편화하여 인류의 모든 언어는 12가지 음운론적 대립의 항으로 분류된다고 밝혔다.

야콥슨이 레비스트로스에게 끼친 영향은 거의 절대적이라 할 수 있을 정도다. 레비스트로스가 브라질의 '상파울로'에서 교수 생활을 끝내고 전쟁의 여파로 미국 뉴욕에 건너가서 연구 교수 생활을 할 때, 먼저 이민 와 있었던 야콥슨과의 만남은 그의 민족학 연구 방법의 신기원을 터 주는 계기를 주었다. 야콥슨의 음운론적 '이항적 대립'의 법칙이 레비스트로스에게 그대로 이행되어 사회문화와 신화의 세계까지 확장된다. 레비스트로스는 대립을 이루는 어휘들의 의미론적 차원을 뛰어넘어 모든 야생적 사유와 토테미즘과 신화적 사유를 이항적 논리 체계의 결합으로 보려고 한다. 그런데 이 이항적 대립을 두뇌의 기본 법칙으로 그가 파악하고 있을지라도, 그는 오직 그것만이 전부라고 생각하는 것 같지는 않다. 왜냐하면, 라캉의 사유 체계에서 중심으로 등장하는 환유논법과 은유논법도 유비 개념과 같이 두뇌나 무의식의 기본 법칙으로 여겨지고 있기 때문이다.

이와 같은 무의식의 법칙이 인간 사회에서 구체화되는 곳이 친족의 체계다. 친족 체계는 단순한 음운론적 대립과 달라서 인간에 관한 문제이기 때문에 두 가지의 요소를 동시에 지닌다. 왜냐하면, 친족 체계는 하나의 질서인 동시에 거기에는 호칭에 따른 의미의 문제도 따르기 때문이다. 즉 거기에는 단순한 언어적 호칭 문제의 질서뿐만 아니라, 또한 호칭이 필연적으로 부과하는 태도의 문제가 있다. 즉 친족 체계에서 아버지의 태도와 아들의 태도가 동일할 수는 없다. 그러므로 친족 체계를 이항적 대립에 의하여 설명을 하더라도, 그 이항적 대립은 '태도의 체계'와 '호칭의 체계'를 동시에 다 만족시켜 주지 않으면 안 된다. 여기서 중요한 것은 하여튼 친족 체계(결혼을 포함한)도 우연히 얽히게 된 것이 아니고, 사회의 집단무의식이며 동시에 인간 정신 구조의 대표적인 법칙이라고 볼 수 있는 '이항적 대립'의 논리 이외에 다른 것이 아니라는 점이다. 예컨대 '근친혼의 금지'는 인류의 사회규칙이다. 왜 그런 사회규칙이 생겼을까? 그 까닭은 사회란 상호 대립되는 이항 이상 사이의 관계가 교환을 전제로 하지 않고서는 선험적으로 성립할 수가 없기 때문이다. 사회가 교환을 성립시키는 것이 아니고, 인간의 교환 법칙(무의식)이 사회를 가능케 하는 조건이요, 근거라고 볼 수 있다. 그러므로 다른 집단과의 교환을 가능케 하기 위하여 '족외혼'의 성립 선제인 '근친혼의 금지'가 문화의 표현에 떠오르게 된 것이다. 그러므로 교환은 '이항적 대립'을 자신의 논리적 기초로 지니고 있기 때문에, '이항적 논리'의 가시화라고 불러도 좋을 것이다. 더구나 레비스트로스는 이런 이원성의 논리를 '정신 구조의 직접 표현'이라든가, '근원적 논리'라든가, '정신의 배후에 있는 두뇌의 논리'라는 말로 자기의 사상을 정리하고 있다.

그리고 그의 토테미즘 이론에서 분명히 제기된 것은 토테미즘을 향하여 나타난 인간의 사고 구조가 '유기화된 전체성'의 형식 아래서 자연과 사회에 대한 모든 관계를 인식하는 '개념적 놀이', 즉 '유별類別적 도식'과 연결되어 있다는 점이다. 이 '개념의 놀이'나 '유별적 도식'은 역사의 통시성에 별로 영향을 받지 않고 그 애초의 균형과 질서를 그대로 보존하려 하는 '항존의 원칙'을 나타내 보인다. 이처럼 불변적 성향을 지니고 있는 구조의 성격은 언어 구조와 친족 구조와의 형식적인 대응에서도 역력히 나타난다. 자연과 문화의 대응인 토템 체계에서만 그런 것이 아니다. 사회구조와 친족 구조가 인식론적으로 거의 불변하게 대응하고 있다는 증거를 제시하기 위해 레비스트로스는

'인도-유럽' 계통의 친족 체계와 '중국-티벳' 계통의 친족 구조를 비교 분석하기도 한다.

이러한 분석에서 우리는 철학적으로 무엇을 볼 수 있는가? 그의 주지주의는 철두철미 정감주의적 철학을 인식의 차원에서 무시되어도 좋을 만큼 부차적인 것으로 규정한다. 사실상 개인의 감정이나 정감은 그도 모르는 사이에 '조작된' 집합적 구조와 무의식의 산물에 지나지 않는다. 자연과 인생에는 내재하고 있는 사상과 논리가 있다. 그런데 그 사상과 논리는 개념의 유희를 통하여 우리에게 알려진다. 주관의 감정과 정감은 객관적 체계의 구조에 의하여 구성된다. 인간에게는 궁극적으로 하나의 사유 체계만이 존재한다. 그것이 '야생적 사유'다. 문명인에게도 그것은 불변적으로 존재한다. 야생인과 문명인의 사유 체계는 대응의 관계를 정립하고 있다. 레비스트로스가 토테미즘을 통하여 말하고 싶은 철학은 야생적 사유나 그것의 한 표현인 토테미즘이 야생인의 원시적 정감에서 온 것이 아니라, 비록 그 대상은 자연의 '종種'이지만, 그 '종의 논리학'은 불Boole의 '대수학'처럼 짜임새가 있다는 것이다. 야생적 사유는 철저히 논리적이고 주지적이다. 그러므로 그것은 전혀 옛날에만 있었던 고풍적인 것이 아니라, 지금도 우리의 정신 구조 속에 활동하고 있다.

결국, 레비스트로스의 사상에는 '인본주의'에 대한 거부감이 짙게 깔려 있다. 여기서 말하는 인본주의에 대한 거부감이란, 인간에 대한 거부를 뜻하는 것이 아니라 인간이 세계의 중심이라고 하는 '인간중심주의anthropocentrism'에 대한 회의를 말하는 것이다. 인간은 세계의 중심이 아니라 그냥 한 부분일 뿐이고, 때론 아주 나약하고 보잘것없는 존재에 지나지 않는다. 자연의 이치 앞에 인간은 결코 예외가 될 수 없고, 거대한 사회구조 속에서 인간은 자신을 감싸고 있는 구조적 조건을 벗어날 수도 없다. 특히 인간의 이성이나 감각, 의식은 별로 믿을 만한 것이 못 된다는 것은 정신분석이 잘 말해 준다. 과거에는 '비이성', '비정상', '보고 듣고 만지지 못하는 것' 등으로 치부되던 '무의식'이 오히려 진실을 밝혀 준다. 인간은 스스로 마음을 움직이는 것이 아니라 유전이나 환경, 또는 태어나 자라면서 얽히고설킨 남들과의 관계에 따라 자기도 모르는 사이에 파도가 일고 잠잠했다가 또 움직이곤 한다.

## 프랑스 정신분석

프랑스에서는 1920년대 중반에야 비로소 프로이트 연구가 최초로 제도적인 결과에 도달한다. 1926년에는 파리정신분석학회가 생겨나며, 다음 해에는 『정신분석학회지』 제1호가 출간된다. 12명의 창립 발기인에는 선구자 에나르 외에도 프랑스 유형의 정신분석을 계속 대변하면서 무엇보다 나중에는 프랑스어 문법의 공동 저자로서 명성을 쌓게 되는 에두아르 피숑, 그리고 오랫동안 프로이트와 교류를 유지한 르네 라포르그가 속해 있다. 12명의 발기인 모두가 높은 수준의 이론가나 숙련된 의사는 아니었다. 1932년에는 그해 발표한 논문 「인격과 관련된 편집증적 정신병」으로 당시의 정신의학과 정신병리학을 잘 알고 있을 뿐 아니라, 프로이트의 중심 저서에도 정통할 수 있다는 증거를 제시한 젊은 의사 자크 라캉이 파리정신분석학회에 합류했다. 물론 그는 파리의 정신분석가들보다 더 일찍이 초현실주의자들과 어울리며 자신의 저작과 이념으로 반향을 얻었다. 피숑은 1938년에 라캉이 정신분석가이자 파리정신분석학회의 정회원으로 인정받는 것에 우려를 표명했다.

라캉의 비약은 제2차 세계대전이 끝난 뒤에 시작되었다.

1945년 창립 세대에서 가장 중요한 주역 가운데 하나인 마리 보나파르트도 결정적인 역할을 담당했다. 피숑은 이미 1940년 에 사망했다. 안젤로 에나르는 '교육 (정신)분석' 실행을 거부함 으로써 배척을 받았고, 라포르그는 독일 점령군에 대한 그의 태도가 미심쩍어서 불신을 받았다. 라캉에 대한 보나파르트의 단호한 적대감에도 불구하고 그것이 프랑스 정신분석가 가운 데 제2세대에 속하는 이 사내가 전후 정신분석계에서 제도적으 로 주도적인 역할을 맡게 되는 것을 막을 수는 없었다. 1953년 에는 바로 '비전문가 (정신)분석layanalysis'의 문제로 파리정신분 석학회에 분열이 일어난다. 라캉은 다니엘 라가슈, 프랑수아즈 돌토와 함께 파리정신분석학회 다수의 회원, 대체로 그에게 분 석을 받고 있는 젊은이들이 가입해 있는 프랑스정신분석학회 에 합류한다. 이 학회의 활동은 1953년에서 1963년까지 본질적 으로 라캉의 이론과 세미나로 점철되어 있다. 1958년에는 정신 분석과 심리학을 연관시키려는[9] 라가슈와 라캉 사이에 이론적 논쟁이 벌어진다. 어쨌든, 라캉이 강력하고도 목적 지향적으 로 프로이트의 정신분석을 재규정함으로써 정신분석은 1950년 대부터 1980년대까지 철학적·인간과학적 이론 논쟁에 보완적이고 생산적이었다. 따라서 라캉의 이론 역시 적어도 인간과학의 초기 단계에 수용되었다. 특히 라캉은 거의 모든 다른 사상가와 논쟁을 벌였고 야콥슨, 레비스트로스, 메를로퐁티와 같은 사람들과 친교를 맺었다.

이젠, 우리의 논의를 프로이트 정신분석을 재규정하려는 라캉의 시도에서 정신분석을 구조주의 이론으로 새롭게 정초하는 단계(1945~1963)에 집중하겠다. 라캉이 프로이트의 저서를 철저히 연구하고 재규정하는 이 단계는 1953년에 체계적으로 시작된다. 이즈음 라캉은 파리정신분석학회의 대표자로서 1951년부터 이제까지 개인적으로 행한 세미나를 공개 세미나로 전환하고, 아울러 지침이 되는 두 강연을 통해 정신분석을 신생하는 지도자로서 자신의 위치를 공고히 한다. 이렇게 제도적으로나 이론적인 휴지 기간에 앞서 두 가지 발표문이 나온다.

1945년 독일 점령에서 해방되자마자 『카예 다르』지에 발표된 라캉의 「논리적 시간과 예측된 확실성의 단언」은 그 자체로 볼 때 오히려 지적 수수께끼 놀이의 즐거움이 들어 있는 고상한 문화적 산책을 서술하고 있는 것처럼 보인다. 이 세 명의 죄수에 대한 '논변'은 시대사적으로 프랑스가 독일의 점령에서 해방된 사실과의 관련 속에서 해석되었다. 그러나 그것은 정신분석 과정뿐만 아니라 사르트르의 개인적 자유의 신비화에 대한 항변으로도 해석되었다. 여기서 우리는 라캉의 놀이 이론에 대한 관심도 찾아볼 수 있는데, 그는 자신에게 고무적인 영향을 미치는 레비스트로스와 이런 관심을 공유한다. 1953년 이전 시기에 나온 두 번째로 중요한 강연문은 그 전사前史가 1930년대까지 거슬러 올라가는 1949년에 행해진 「자아 기능의 형성자로서의 거울 단계」이다. 그러나 라캉이 프로이트의 정신분석을 특정하게 변형하기 시작한 것은 1953년부터이다. 1953년 7월 8일 프랑스정신분석학회 창설 전에 라캉은 「상징적인 것, 상상적인 것과 실재적인 것」에 대해 언급한다. 그리고 그는 1953년 9월 27일 「정신분석에서 말하기와 언어의 기능 및 영역」에 대한 로마에서의 유명한 강연에서 '파악할 시간'과 '결정의 계기'가 어떻게 정신분석 과정을 잃어버린 역사성의 재획득으로 구조화하는지를 보여 준다. 1953년에 행한 두 강연에서 라캉은 그의 전체적인 작업과 차후에 제자들의 연구가 중점을 두어야 할 두 가지 기본 요구 사항을 제시한다. **첫째는 프로이트 텍스트로 돌아가자는 것이고, 둘째는 정신분석을 당시에 앞서 가는 학문과**

**연계시키는 것이다.** 첫 번째 요구의 계기는 정신분석의 천박화와 이론 없는 실용화 경향에 대한 반발과 정신분석이 의학으로 편입되면서 대안적 치료 형식에 대한 경계가 약화되는 것을 막으려는 데 있다. 이것이 정통성의 맹목적 복원이 아니라는 점을 두 번째 요구가 대변한다. 즉 정신분석을 시대적으로 성공적인 학문들과 연계시키는 어떤 표준 위에서 재규정한다는 것이다. 최초의 접목은 언어학과 연계되어 이루어진다. 그것도 레비스트로스가 『구조 인류학』에 대한 계획 속에서 그리고 근친상간 금지를 친족 내에서 중단된 문화 진흥적인 법으로 재규정하는 가운데, 소쉬르의 언어학과 그의 기본 개념을 기초로 하던 방식과 아주 유사하게 이루어진다. 라캉의 시도는 일단 정신분석 분야에 상응하는 비교 연구의 구상으로 파악될 수 있다. 이를테면 인공두뇌학, 추측통계학, 확률 및 놀이 이론에 대한 관심이 이에 속한다. 그러나 라캉의 시도는 레비스트로스의 『구조 인류학』과 비교가 되면서도 결정적인 차이점을 지닌다. 레비스트로스와는 달리 라캉은 철학적으로 무장된 강력한 '주체' 개념을 고수한다. 이런 점이 구조주의와의 잠정적인 유사성에도 불구하고 그를 엄밀한 의미에서 구조주의자로 볼 수 없게 하는 이유이기도 하나.

†

푸코는 그의 첫 간행물에서부터 프로이트의 정신분석과 치열하게 씨름했다. 1954년에 출간된 빈스방거의 『꿈과 실존』의 프랑스어판 서문은 이미 정신분석을 넘어선 것처럼 보이는 푸코를 보여 준다. 빈스방거가 자신의 꿈 해석의 방법으로 '실존 양태'로의 통로를 열어 나갔다면, 프로이트의 꿈 해석은 '상징의 해석학'에서 힘을 잃고 고갈된 채 '외적인 해석, 여전히 암호 해독의 영역에 정체된 해석'을 고수한다는 것이다. 프로이트는 꿈의 '의미의 기능'에만 관심을 보이고, 그것을 넘어서는 꿈의 '형태론적이고 문장론적인 구조'를 등한시한다. 따라서 그의 이미지 내지 상상적인 것의 개념은 불충분하고, 상징 개념의 불충분한 마무리 때문에 프로이트는 '꿈의 의미심장한 함축의 전체성에 의해 파악되는 상상적 구조'를 보지 못한다는 것이다. 여기서 푸코는 『꿈의 해석』 외에 특히 『슈레버와 도라』에 대한 분석을 이런 사례로 내세우면서 프로이트는 '19세기 심리학이 확고하게 정립한 명제'를 넘어서지 못한다고 주장한다. 프로이트에게 '꿈은 이미지들의 랩소디이며', 그는 '꿈을 심리화했다.' 이런 비판의 대상에는 프로이트와 더불어 오류가 지적되는 멜라니 클라인과 라캉도 포함된다.

이렇게 프로이트의 정신분석이 푸코에게 심리학적 해석 방법으로 여겨질지라도, 그는 다른 맥락에서 정신분석을 심리학과 명백하게 구분한다. 1957년에 저술한 「과학적 연구와 심리학」에 대한 개관에서 푸코는 무의식의 이론을 가지고 단순히 심리학의 확장만을 시도한다는 프로이트에 대한 비난으로부터 프로이트를 방어하면서 무의식의 구상에 내재한 전복의 의미를 아주 상세하게 도출하는데, 프로이트를 기점으로 의식이 '무의식에 대한 방어 행동'으로 파악될 수 있기 때문이다. 정신분석은 '지식의 확정적 형식에서 탈피하기' 위한 잠재력을 대변한다는 것이다. 정신분석이 '병'에서 '건강의 심리적 진실'을 찾아냈다거나, '성sexuality'에서 '인간의 자연적 긍정성'을 발견했다는 정신분석에 대한 푸코의 찬사는 물론 양가적인 입장이다. 『심리학과 정신병』에서 푸코는 방어 형식의 정신분석 이론에 대해 매우 일반적인 진술을 내놓았다. 파블로프에 크게 의존하던 이전 판을 대체하여 1962년에 개정된 이 책의 제2부에서 프로이트는 광기의 관점에서 그 가치를 평가받는다. '프로이트는 최초로 이성과 비이성 사이의 의사소통 가능성을 늘 중단되고 도달할 수 없는 상태로 소멸될 수 있었던 공통적 언어의 모험적 시도를 통해 다시 열어 나간다.' 푸코의 위대한 연구서 『광기의 역사』는 명시적으로 광기가 '추방 상태'에 처하게 되는 몽테뉴와 데카르트 사이 역사적 상황의 단절이라는 명제에서 출발한다. 근대에 해당하는 이 단절에도 불구하고 푸코는 '정신의 학이 아니라 광기 자체의 역사'를 써야만 할 필요성을 제기하는데, 프로이트는 이 역사의 가능성을 위한 증인으로 소환된다. 그럼에도 궁극적으로 이 책에서 프로이트에 대한 판단은 지극히 양가적이다. 왜냐하면, 정신분석은 이 최후의 문턱을 넘어설 수 없었기 때문이다. 푸코에 의하면 정신분석가란 언제나 '의사'의 직책을 수행하면서 비이성의 목소리를 듣거나 정신착란의 징후를 독자적으로 해독할 능력이 없으며, 이 때문에 정신분석은 이 '최후의 구조'를 찾아내지 못했다는 것이다.

드디어, 푸코는 1966년에 '인간과학의 고고학'이라는 부제로 『말과 사물』을 내놓는다. 정신분석에는 인간과학을 보완할 수 있는 '비판적 기능'이 인정되는데, 그 이유는 바로 정신분석이 우선적으로 생물학, 경제학, 문헌학과 같은 인간과학의 준거에 속하지 않기 때문이다. 다시 말해, '소동, 문제 제기, 비판, 그렇지 않으면 기존의 것으로 간주될 수 있었던 것에 항변하는 불변적 원리 형성'의 기능이 인정된다. 더 나아가 실증과 경험에 의해 결정된 지식이 접근할 수 없는 '저 죽음', '저 욕동'으로의 통로를 만들어 낼 수 있다는 것이 정신분석의 업적으로 평가된다. 그도 그럴 것이 정신분석은 바로 '인간에 대한 모든 지식의 가능성을 이룰 수 있는 조건들'을 대변하기 때문이다. 그럼에도 정신분석은 결코 '인간이나 인간학의 보편적 이론'이 되지 못한다. 그 이유는 정신분석이 '실무', 그러니까 '두 개인(피분석자와 분석자) 사이의 관계 협착'에 의해 이런 보편화에 이르는 것을 방해받기 때문이다.

# 4장
## 방법론: 고고학적 기술記述

　『말과 사물』의 영어판(사물의 질서) 머리말[10]을 보면, 푸코의 고고학은 '지식의 실증적 무의식a positive unconscious of knowledge'(학자의 의식은 빠져나가나 여전히 학적 담론의 일부인 수준)을 드러냄의 방법론methodology이다. 따라서 푸코는 과학/학문사가의 일반적 수준에서 『말과 사물』을 작동시킨 것이 아니고, 학적 '의식을 빠져나갔던 것(이것에 끼친 영향들, 이것의 밑에 있었던 함축된 철학들, 정식화되지 않은 주제틀들, 보이지 않은 장애들)'을 복원하려 한다. 즉 그는 『말과 사물』에서 "과학/학문wissenschaft의 무의식"을 기술하는 것이다.

　이 '무의식'은 "그것의 타고난 권리로 결코 정식화되지 않고

넓게 달라지는 이론들, 개념들, 그리고 연구 대상들에서만 발견될 형성 규칙들rules of formation인데," 푸코가 "이것들의 종별적 장소로서, 아마 다소 자의적으로 고고학적이라 부른 한 수준을 격리함으로써 드러내려 한" 것이 바로 이 '무의식적 지식의 형성 규칙들'이다. 이러한 푸코 고고학의 시초 가설은 "비정식적 지식non-formal knowledge의 역사가 그 자체로 체계를 갖는다"라는 것이고, 푸코에 따르면 『말과 사물』은 인간과학들의 "비교, 그것도 징후학적symptomatological이 아닌 [비교] 연구"로서 읽혀야만 한다. 그는 "우리 과학의 발생이라기보다는 특정 시대에 종별적인 인식론적 공간[과 그 변형]을 기술하기를" 원했던 것이다.

## 1. 고고학과 지성사

고고학적 분석과 지성사를 가르고 있는 분기점은 많다. 우리는 이제 가장 중요한 것으로 보이는 네 가지의 차이만을 보여주고자 한다(새로움의 부과에 관하여, 모순들에 대한 분석에 관하여, 비교적인 기술記述들에 관하여, 마지막으로 변형들의 지표화에 관하여). 독자들은 이러한 차이점들에 있어 고고학적 분석의 특성들을 포착할 수 있을 것이고, 경우에 따라서는 그의 기술적인 능력을 측정해 볼 수 있을 것이다. 지금으로서는 몇 가지의 원리들을 제시하는 것으로 충분할 것이다.

① 고고학은 담론들 안에 숨겨져 있는, 또는 드러나 있는 사유들, 재현들, 이미지들, 테마들, 고정관념들이 아닌 그 담론들 자체, 규칙들에 복종하는 실천들인 한에서의 담론들을 정의하고자 한다. 고고학은 담론들을 문서로, 다른 사물에 대한 기호로, 투명하긴 하지만 그것이 보존되는 그곳에서 본질적인 것의 깊이와 연결되기 위해서는 종종 성가신 불투명성을 통과해야 하는 요소로 취급하지 않는다. 그것은 담론을 그의 고유한 부피 속에서, 기념비로 다룬다. 고고학은 해석적인 과목이 아니다. 그것은 보다 잘 숨겨져 있는 '다른 담론'을 찾지 않는다. 그것은 '우의寓意적임'을 거부한다.

② 고고학은 담론들을 완만한 경사면을 따라 그들을 선행하는, 둘러싸는, 그리고 뒤따르는 것에 연결시키는 연속적이고 감지하기 힘든 전이를 되찾아내고자 하지 않는다. 고고학은 담론들이 아직 도달하지 못한 바의 것에서 출발하여 그들의 현재 상태에 이르는 순간을 포착하고자 기다리지 않으며, 그들이,

그들의 고정성을 풀어 버림으로써, 점차 그들의 동일성을 잃어 버리게 되는 순간을 기다리지도 않는다. 고고학의 문제란 반대로 담론들을 그들이 종별성 속에서 기술하는 것, 그들을 작동시키는 규칙들의 놀이가 어떤 점에서 다른 것들로 환원 불가능한가를 보여 주는 것, 그들의 외면적인 정지를 따라서, 그리고 그들을 보다 잘 강조하기 위해서 그들을 뒤따르는 것에 있다. 고고학은, 완만한 발전을 따라, 의견의 애매한 장으로부터 체계의 단일성이나 과학의 일정한 안정성으로 진행하지 않는다. 그것은 '의견학doxologie'이 아니다. 고고학은 담론의 양태들에 관한 시차적différentielle 분석인 것이다.

③ 고고학은 작품의 지고한 모습에 좌표화되어 있지 않다. 그것은 작품이 익명적 지평으로부터 떠오르는 순간을 포착하고자 하지 않는다. 고고학은 개인적인 것과 사회적인 것이 결과적으로 전복되는 수수께끼 같은 점點을 되찾고자 하지 않는다. 그것은 창조의 심리학도, 사회학도, 보다 일반적으로 인간학도 아니다. 고고학에 있어서 작품이란 하나의 가능한 단위일 뿐이다. 설사 그를 그의 전체적인 문맥 속에, 또는 그를 받쳐 주는 인과성들의 망 속에 재위치시키는 것이 고고학의 문제라 해

도, 고고학은 개인적인 작품들을 관통하는, 종종 그들에게 전적으로 명령을 내리고 그들을 빈틈없이 지배하는, 그러나 또한 종종 그의 한 부분만을 지배하는 담론적 실천들의 규칙들과 유형들을 정의한다. **창조하는 주체의 심급 ―작품의 통일성의 원리이자 그 존재 이유인 한에서― 은 고고학에 낯선 존재인 것이다.**

④ 마지막으로, 고고학은 사람들에 의해 사유될 수 있었고, 욕구될 수 있었고, 의도될 수 있었고, 감각될 수 있었고, 희망될 수 있었던 것을 재건하고자 하지 않는다. 그것은 일시적인 핵 ―그곳에서 저자와 작품이 그들의 동일성을 교환하는, 사유가 다시 자아의 가까이에 아직도 동일성을 잃지 않는 형태하에서 머무르는, 그리고 언어가 아직 담론의 공간적 분산과 계기에 있어 전개되지 않은― 을 주워 모으고자 하지 않는다. 다시 말해 고고학은 말해진 것을, 그를 그의 동일성 자체 안에 연결시킴으로써, 반복하고자 하지 않는다. 고고학은 먼, 일시적인, 거의 기원으로부터 지워진 빛을 그의 순수성 속에서 다시 오게 할 독해의 애매한 경솔함 속에서 스스로 지워지고자 하지 않는다. 고고학은 '다시 쓰기'에 지나지 않는다. 외재성의 지속적인 형태하에서의, 이미 써진 것의 규제된 변형, 이는 기원의 비밀

자체로의 회귀가 아니다. 그것은 담론-대상의 체계적인 기술인 것이다.

## 2. 기원적인 것과 규칙적인 것

고고학적 기술은 계기하는 사실들이, 사람들이 그들을 원시적이고 소박한 방식으로 수립하고자 원하지 않는 한, 관련해야 하는 바의 이 담론적 실천들에 관련된다. 따라서 이 기술이 위치하고 있는 수준에서는, 기원성-진부함의 대립은 적절하지 못하다. 고고학은 최초의 언어 표현과 몇 년 뒤, 또는 몇 세기 뒤에 그를 다소간 정확하게 반복한 어구 사이에 어떤 위계도 수립하지 않는다. 즉 고고학은 극단적인 차이를 만들어 내지 않는 것이다. 그것은 단지 언표들의 규칙성을 수립하고자 할 뿐이다. 여기에서의 규칙성이란 현존하는 의견들의 여백 속에서, 또는 빈번히 인용되는 텍스트들 속에서 이탈적인 언표를 특성화하는 불규칙성에 대립하지 않는다. 그것은, 모든 언어적 수행을 위해, 그의 존재를 견고하게 만들어 주는, 또는 정의하는 언표적 기능이 수행되도록 해 주는 조건들의 집합을 가리킨다. 이렇게 이해된 규칙성은 통계학적 곡선의 극한들 사이에 있는 어떤 중심적 위치를 특성화하는 것은 아니다. — 그것은 따라서 빈도나 확률에 대한 지수로서 가치를 가질 수 없다. 그것은 출현의 현실적인 장을 종별화한다. 모든 언표는 어떤 규칙성의 운반자이며 그로부터 분리될 수가 없다. 따라서 우리는 한 언표의 규칙성을 다른 언표에가 아니라 다른 언표들을 특성화하는 규칙성들에 대립시켜야 하는 것이다.

고고학은 발명을 추구하지 않으며 어떤 사람이 최초로 어떤 진리에 대해 확신을 가지게 된 이 순간에 무감각한 것으로 머무른다. 즉 고고학은 이 축제의 아침들이 내뿜는 빛을 개건하고자 하지 않는 것이다. 그러나 이는 의견의 평균적인 현상들에, 그리고 모든 사람이, 어떤 시대에 있어, 반복할 수 있을 회색의 존재에 관심을 가지고자 하는 것은 아니다. 고고학이 텍스트들에 대한 검토를 통해 이루고자 하는 것은 정초하는 성자들의 목록을 수립하는 것이 아니라, 한 담론적 실천의 규칙성을 드러내는 것이다. 그들의 보다 덜 독창적인 후계자들, 또는 그들의 선구자들에 있어서도 똑같은 방식으로 작동하는 실천, 그리고 그들의 작품 자체에 있어 가장 독창적인 판단들만이 아니라 그들이 그들의 선구자들로부터 다시 취한, 다시 복사하기까지 한 것들까지도 고려에 넣는 실천, 하나의 발견은, 언표적 관점에서 볼 때, 그를 반복하고 확산시키는 텍스트보다 덜 규칙적인 것이 아니다. 규칙성은 독창적인 형성 속에서보다 진부함 속에서 덜 효과적이고 덜 활동적인 것이 아니다. 이와 같은 기술에 있어서, 우리는 창조적인 언표들과 모방적인 언표들 사이에 본성상의 차이를 인정할 수 없다. 언표들의 장은 창조적인 순간들에 의해 분절화된 관성적인 시간대들의 집합이 아니라 철저히 활동적인 하나의 영역인 것이다.

담론적 형성에 관한 분석 속에서 총체적인 기간화의 시도를 보는 것보다 잘못된 것은 없을 것이다. 어떤 순간으로부터 출발해서, 그리고 어느 시간 동안, 모든 사람이 표면의 차이들에도 불구하고 같은 방식으로 사유하리라는 것, 다형적인 어휘를 통해서 같은 것을 말하리라는 것, 그리고 그들이 그 모든 의미에 있어서 무차별적으로 주파할 수 있을 일종의 거대 담론을 생산해 내리라는 것. 반면에 고고학은 그의 고유한 시간적 마름질을 지니는, 그렇지만 그 마름질에 의해 사람들이 언어 속에서 지표화할 수 있는 동일성과 차이성의 모든 다른 형태를 실어 나르지는 않는 언표적 등질성의 한 수준을 기술한다. 그리고 이러한 수준에 있어, 고고학은 하나의 배치를, 위계들을, 둔중하고 무형적인, 그리고 단번에 거시적으로 주어지는 그러한 공시성을 배제하는 모든 얽힘을 수립한다. 사람들이 '시대'라고 부르는 이 혼동스러운 단위 속에서, 고고학은 개념들의 시간 위에서, 이론적인 단계들 위에서, 언어 표현의 단계들 위에서, 그리고 언어학적 진화의 단계들 위에서 서로 연결되는, 그러나 혼동되지는 않는 '언표적 기간들'을, 그들의 종별성과 함께, 나타나게 하는 것이다.


## 3. 모순들

고고학적 분석에 있어서는, 모순들이란 극복해야 할 외관들도, 이끌어 내어야 할 비밀스러운 원리들도 아니다. 모순은, 어떤 관점으로부터 그들을 제거할 수 있을 것인가를, 그리고 어떤 수준에서 그들이 근원적인 것이 되고 결과가 아닌 원인이 되는지를 탐색함이 없이, 그들 자체로서 기술해야 할 대상들이다.

그러므로 고고학은 모순을 담론의 모든 수준에 동일한 방식으로 적용되는, 그리고 분석에 의해 완전히 제거되거나 하나의 원초적이고 구성적인 형태로 재인도되어야 할 하나의 일반적인 기능으로서 취급하기를 거부한다. 그 모순 —수많은 얼굴로 나타나서 제거되고 다시 그를 정상으로 끌어올리는 주된 갈등 속에서 재건되는— 의 거대한 놀이를, 고고학은 모순의 상이한 유형들, 그들을 지표화할 수 있도록 해 주는 상이한 수준들, 그들이 수행할 수 있는 상이한 기능들에 대한 분석으로 치환하는 것이다.

따라서 하나의 담론적 형성은 관념적인, 연속적인, 그리고 매끄러운, 모순들의 복수성 아래에 흐르면서 그들을 정합적인 사유의 고요한 통일성 속에서 용해시키는 텍스트가 아니다. 그것은 언제나 후퇴해 있는, 그러나 도처에서 지배적인 한 모순이, 수많은 상이한 측면 아래에서, 반영되는 표면도 아니다. 그것은 차라리 복수複數적인 불화의 공간이자 그 수준들과 역할들을 기술해야 할 상이한 대립들의 집합인 것이다. 고고학적 분석은 하나의 유일하고 동일한 명제의 동시적인 긍정과 부정 속에서 그의 모델을 가지는 모순의 우선성을 내세운다. 그러나 이는 모든 대립을 사유의 일반적인 형태들 안에서 평평하게 만들기 위해서가 아니며, 강압적인 선험에의 호소에 의해 힘으로 무마시키고자 하는 것이 아니다. 반대로, 한 규정된 담론적 실천 속에서 그들을 구성하는 점을 지표화하는 것, 그리고 그들이 취하는 형태와 그들 사이에 존재하는 관계들, 그리고 그들이 명령하는 영역을 정의하는 것이 문제인 것이다. 요컨대, 문제가 되는 것은 담론을 그의 울퉁불퉁한 복수성에 있어 유지시키는 것, 결과적으로, 로고스의 미분화된 요소 속에서 균일하게 소실되고 복구되는, 용해되었다가 항상 다시 태어나는 모순이라는 테마를 제거하는 것이다.


## 4. 비교적 사실

고고학적 분석은 담론적 형성들을 개별화시키고 기술한다. 즉 고고학적 분석은 그들을 비교하고, 그들 서로를 그들이 현존하는 동시성 속에서 대립시키며, 그들을 그들과 동일한 프로그램을 가지고 있지 않은 다른 것들로부터 구분하고, 그들을 그들의 종별성 속에서, 그들을 둘러싸고 있는, 그리고 그들에게 일반적인 요소로서 봉사하는 비담론적 실천들과 관계 맺어 주어야 하는 것이다. 이런 점들에 있어서, 고고학은 한 이론의 내적인 구조를 분석하는 인식론적인 기술들과는 구분되며, 고고학적 연구는 언제나 복수적인 것을 지향하는 것이다. 그것은 기록들의 복수성 속에서 실행되며, 빈틈들과 간극들을 가로지르며, 그 안에서 통일성들이 병치되고, 서로 분리되고, 자신들의 뼈대를 고정시키고, 서로 대항하고, 서로 간에 하얀 공간을 그리는 그곳에 그의 영역을 가진다. 고고학적 분석은 『말과 사물』에 있어서처럼 일종의 측면적인 접근에 의해, 다양한 구분적인 실증성들을 작동시킬 수 있으며, 한 주어진 시기에 있어서의 그들의 공시적인 상태들을 비교하고, 한 주어진 시대에 각자의 자리를 잡는 다른 유형의 담론들에 대면시키는 것이다.

이러한 분석에 있어, 고고학이 표현에 대한, 그리고 반성에 대한 테마를 의심한다면, 고고학이 담론 속에서 사건들의 상징적인 투사, 또는 다른 곳에 위치해 있는 과정들의 표면을 보지 않고자 한다면, 그것은 우리가 꼼꼼하게 기술할 수 있을, 그리고 하나의 발견과 하나의 사건을, 또는 하나의 개념과 한 사회적 구조를 관계 맺어 줄 수 있도록 해 줄 인과적인 연쇄를 되찾기 위한 것이 아니다. 그러나 다른 한편으로, 고고학이 그와 같은 인과적 분석을 의심한다면, 고고학이 말하는 주제에 의한 필연적인 중계를 피하고자 한다면, 이는 담론의 지고하면서도 고독한 독립을 확신하기 위한 것이 아니다. 이는 한 담론적 실천의 존재와 기능 작용의 영역을 발견하기 위한 것이 아니다. 달리 말해, 담론들에 대한 고고학적 기술은 일반사의 차원 속에서 전개된다. 고고학은 한 담론적 형성을 보듬고 있는 제도들의, 경제학적 과정들의, 사회적 관계들의 이 모든 영역을 발견하고자 한다. 그것은 담론의 자율성과 그의 종별성이 어떻게 그에게 순수한 관념성의 지위도, 그리고 역사적인 총체적 독립의 지위도 부여하지 않는가를 보여 주고자 한다. 고고학이 드러내고자 하는 것, 그것은 역사가 그곳에서 담론의 정의된 유형들(그들 자신의 역사성의 고유한 유형을 가지는, 그리고 다양한 역사성의 모든 집합과 관계 맺고 있는)을 발생시킬 수 있는 이 단일한 수준인 것이다.

## 5. 변화와 변형들

이제 변화에 대한 고고학적 기술은 어떤 모양을 띠게 될 것인가? 한편으로 고고학은, 담론적 형성들을 기술함으로써, 그들에게서 드러날 수 있는 시간적인 계열들을 무시한다. 그것은 균일하게, 그리고 같은 방식으로, 시간의 계열들을 무시한다. 그것은 균일하게, 그리고 같은 방식으로, 시간의 모든 점에 있어 유효한 일반적인 규칙들을 찾는다. 그리고 다른 한편으로, 고고학이 연대기에 호소할 경우, 그것은 실증성들의 극한에 있어 두 개의 분기점을 고정시키기 위한 것으로 보인다. 그들이 태어나는 순간과 사라지는 순간, 지속은 단지 이 초보적인 달력을 고정시키기 위해서만 사용되었다는 듯이, 그러나 그것이 분석 그 자체를 따라서 생략되었다는 듯이, 시간이란 비약의 텅 빈 순간 속에서만, 하나의 형성이 다른 형성을 갑작스럽게 대치하는 이 하얗고 역설적으로 비시간적인 빈틈 속에서만 존재하는 듯이, 실증성들의 공시성, 치환의 순간성, 시간은 빠져나가 버리며, 그와 함께 역사적 기술의 가능성도 사라진다. 담론은 생성의 법칙으로부터 뽑혀지며 불연속적인 비시간성 속에서 수립된다. 그것은 파편으로서 움직인다(영원의 잠정적인 파열). 그러나 그러한 파열도 소용없을 것이다. 계기하는 다양한 영원들, 각자의 역할에 따라 차례로 숨어 버리는 고정적인 이미지들의 놀이, 이들은 운동도, 시간도, 역사도 만들어 내지 못하는 것이다.

① 고고학은 계기적인 것으로서 주어진 것을 동시적인 것으로서 취급하고자 하지 않는다. 그것은 시간을 응고시키고 사건들의 흐름을 부동의 상호 관계들로 치환하고자 하지 않는다. 고고학이 의심하는 것, 그것은 계기가 절대적인 것이라는 테마이다(담론이 그의 유한성의 법칙에 의해 복종해야 할 최초의, 그리고 분리 불가능한 연쇄). 고고학이 거부하는 것은, 담론 속에는 계기에 있어서의 하나의 유일한 형태와 유일한 수준만이 존재한다는 테마이다. 고고학은 이러한 테마들을 담론 속에서 중첩되는 계기의 다양한 계열들과 동시에 그와 같이 종별화된 계기들이 연결되는 방식을 나타나게 하는 분석들로 치환한다. 기원적인 달력의 실타래를 따르는 대신, 고고학은 어떻게 계기라는 것이 존재할 수 있는지, 그리고 어떤 상이한 수준들에서 구분적인 계기들을 찾을 수 있는지를 보여 주고자 한다. 따라서, 담론의 고

고학적 역사를 구성하기 위해서는, 의심할 바 없이 오랫동안 그 이미지들을 강요했던 두 모델로부터 해방되어야 한다[파롤 parole의(그리고 어떤 점에서는 적어도 글쓰기의) 선형적인 모델 ―그 안에서 모든 사건이, 일치와 중첩의 효과를 제외하고 서로 계기하는― 그리고 그의 현재가 언제나 미래의 개현 속에서, 그리고 과거의 과거 지향 속에서 스스로를 비켜 가는 의식의 흐름이라는 모델]. 아무리 역설적이라 해도, 담론적 형성들은 의식의, 또는 언어적 선형성의 과정과 동일한 역사성의 모델을 가지지 않는다. 담론은 언어의 외적인 형태 속에 그의 기투를 거주케 한 의식이 아니다. 그것은 의식이 아니며, 그를 말하기 위한 주체가 더 이상 아니다. 그것은 얽힘과 계기의 고유한 형태들을 지니는 하나의 실천인 것이다.

② 지성사보다 훨씬 자발적으로, 고고학은 단절들에 대해, 단층들에 대해, 실증성의 전혀 새로운 형태들에 대해, 그리고 갑작스러운 재분배에 대해 말한다. 고고학은 역사가들의 인내가 끌어당긴 모든 실타래를 풀어 버리고자 한다. 고고학은 차이들을 복수화시키고, 소통의 선들을 엉클어지게 하고, 보다 어려운 이행들을 만들어 내고자 한다.

불연속성들에 대한 이러한 주장은 무엇에 일치하는가? 사실이 주장이 역설적이게 되는 것은 역사가들의 습관에 있어서 뿐이다. 역설을 자주 보여 주는 것은 이 습관이다. 고고학은 단지 차이들을 진지하게 다루고자 할 뿐이다(그들의 실타래를 푸는 것, 그들이 어떻게 분할되는지를, 그들이 어떻게 서로를 함축하고, 소통하고, 서로에게 복종하는지를, 그들이 어떤 구분적인 범주들에 속하는지를 결정하는 것). 요컨대, 그들 사이에 그들의 차이들의 체계를 수립함과 함께 차이들을 기술하는 것이 문제이다. 고고학의 역설이 존재한다면, 그것은 고고학이 차이들을 복수화시킨다는 사실에 있는 것이 아니라 그들을 환원시키기를 거부한다는 ―그래서 습관적인 가치들을 전복시킨다는― 사실에 있는 것이다. 고고학은 차이들을 넘어서려는 기획을 가지고 있지 않다. 고고학은 차이들을 분석하고 그들이 무엇으로 구성되는지를, 정당하게, 말하고 그들을 분화시키고자 한다.

# 5장

## 첨단 과학사,
## 그리고 『말과 사물』의 고전적 경계

1966년에 『말과 사물』이 파리에서 발간된 전후에도 '인간과학'의 노동, 언어, 생명의 기원적 구심력을 벗어나는 학술 작업들은 제 나름대로 진화를 멈추지 않아 왔다. 21세기가 20년 이상을 경과한 현재, 과학사는 흔히 인문학이나 사회과학이 아닌 '자연'과학의 역사를 의미하는 한편, 자연과학은 영미권의 경험론적 전통하에 일취월장 인공지능에 이르기까지 그 첨단성을 가속화하고 있다. 이제, 푸코가 자인하는 『말과 사물』의 역사 형이상학적 경계를 살펴보는 것으로 우리의 논의를 매듭짓기 전에, 당대 '첨단' 과학사의 내용을 아주 소략히 확인해 두도록 하자.

## 1. 과학혁명

'과학혁명'은 보편적으로 뚜렷하게 현대 과학이라고 할 만한
것이 출현했던 시기를 일컫는 것으로 인정되고 있다. 16세기에
시작해서 17세기에 이르기까지 자연 세계를 이해하려는 인간
의 노력으로 일어난 급진적인 변화는 가히 상전벽해라 할 만하
다. 모든 것을 아우르는 포괄적인 변화였다는 면에서, 그리고
그로부터 진정으로 놀라운 성취를 이루었다는 점에서 그 시기
는 혁명의 시기였다.

1500년과 1700년 사이에 세계관은 겹겹이 포개진 구로 이루
어진 하늘이 지구를 둘러싸고 돌아가는, 빈 공간을 인정하지
않는 지구 중심의 유한 우주관에서 무한한 우주 안 곳곳에 별
들이 존재하는 태양 중심의 무한 우주관으로 바뀌었다. 과거
에는 하늘과 지구 사이의 질적인 이원론이 지배적이었으나 차
츰 행성들이 지구와 같은 것이고 별들은 태양과 같으며 자연법
칙을 우주 전체에 적용할 수 있다는 생각이 자리 잡아 갔다. 그
뿐만 아니라 자연법칙은 이제는 단순한 규칙성이 아니라 사상
처음으로 세계의 특정 측면이 어떻게 작동하는지에 관한 엄밀

한 법칙으로 기술되었고, 현상 사이의 인과 관계를 파악함으로써 예측 능력을 갖추게 되었다. 새로운 운동 법칙, 생명 발생과 조직에 관한 새로운 이론, 개정된 인체 해부학, 새로운 생리학이 등장했다. 이 무렵, 과거에는 본질적으로 사색과 추론으로 접근했던 '자연철학'에 실험적 방법이 도입되었고, 그 자체로는 추상적인 수학적 분석이 실험 결과를 이해하고 물리적 세계를 좀 더 일반적으로 이해하는 데 도움을 주기 시작했다.

사색적 학문이었던 자연철학 역시 과거에는 수학을 응용한 기술이나 신비주의적 기술 전문가에게 국한되어 있던 '자연에 관한 지식은 인간을 이롭게 하는 데 사용되어야 한다'라는 생각을 받아들이면서 엄청난 변화를 겪는다. 이러한 다양한 변화에 발맞추어 자연 세계를 연구하는 데 관심을 가진 사람들 사이에 새로운 형태의 조직과 제도가 나타나기 시작했다. 특히 자연을 이해하는 것을 목적으로 하는 협회나 공동체가 형성되었다. 과학혁명은 서유럽에서 일어났다. 비록 그 시작은 상당 부분 고대 그리스에서 처음 발전했고, 그다음 이슬람 학자들과 중세 기독교 학자들에 의해 변형되어 온 자연 세계에 관한 지식에 빚지고 있지만, 서유럽에서 일어난 활동은 이런 앞선 문명이나 중국과 같은 다른 문명이 이룬 정도를 훨씬 넘어섰다. 오늘날 과학은 세계적 활동이 되었지만 지금도 여전히, 예컨대 노벨 물리학상을 탄 일본인은 서양의 과학을 연구하는 일본인인 셈이다. 또한 이런 과학혁명 이야기는 부분적으로 서구의 발흥에 관한 것이다. 그리고 우리가 과학적 지식이라고 부르는 자연 세계에 관한 지식이 어떻게 서양 문화에서, 그다음 전 세계의 문화에서 그토록 중요한 자리를 차지하게 되었는지에 관한 이야기다.

## 2. 계몽시대의 과학

18세기는 과학의 역사에서 항상 중요한 시대로 여겨지지는 않았다. 몇십 년 전만 해도 역사학자들은 이 시기를 아이작 뉴턴이라는 거대한 천재의 그림자에 가려진 밋밋한 시기로 보는 경향이 있었다. '뉴턴주의'는 천문학과 자연철학 분야에서 뉴턴이 거둔 놀라운 성취에 속박되었던 이 시기를 나타내는 열쇠였다. 18세기는 이전 세기의 거대한 과학혁명의 물결이 지나간 이후에 남은 잔잔한 물결이자 그 이후 산업혁명의 폭풍이 도래

히기 전 고요의 시기로 여겨졌다. 과학사를 그와 같은 '혁명'의 관점에서 바라보는 사람들의 눈에 이 시기는 혁명적이라 할 만한 것을 별로 찾을 수 없는 시기였다. 그나마 18세기 말에 화학 분야에서 그 비슷한 것을 발견할 수 있었다. 이미 성립된 개념이 한 세기에 걸쳐 천천히 흡수되고 퍼져 나가는 것처럼 보이는 상태는 이러한 관점에서 볼 때 별 흥미를 불러일으키지 못했다.

그런데 이러한 태도에 변화가 생겼다. 부분적으로는 과학사에 대한 새로운 접근 방법이 등장하고, 18세기 문화사에서 계몽주의가 중심 주제로 출현했기 때문이었다. 지금은 과학사에서 혁명적인 지적 변혁을 덜 강조하는 편인데, 그와 같은 격변이 과거에 생각했던 것만큼 단시간 내에 한 덩어리의 변화로 일어났던 것이 아니라고 밝혀졌기 때문이다. 오늘날에는 과학을 하나의 관념 구조라기보다는 일련의 관행들의 집합이라고 보는 시각이 우세하다. 그 결과 과학이 기술, 통신, 산업 등과 맺는 관계에 좀 더 주의를 기울이는 쪽으로 변화가 일어났다. 오늘날 우리가 18세기를 바라볼 때 떠오르는 것은 그 시대를 대표하는 위대한 과학자를 찾는 과정에서 간과되었던 수많은 사람과 그들의 활동으로 가득한 활기찬 과학 문화이다. 과학사 연구자들은 이제 중요한 과학 저술을 남긴 저자뿐만 아니라 편집자, 표절자, 인쇄업자, 출판업자, 그리고 그 책들을 읽던 수많은 남녀노소를 들여다본다. 책뿐만 아니라 지도와 그림, 과학 기구와 인공물, 표본과 일상 제품 등 지식이 유통되고 퍼져 나가는 모든 매체를 살펴본다. 우리는 자연철학자뿐만 아니라 숙련공, 기술자, 장인, 항해자, 건축가, 박물학자, 사업가, 그 밖에 수많은 직업의 사람들에게 관심을 가진다. 부글부글 끓어오르는 지식의 물결에 휩쓸린 것은 그 시대의 선도적인 사상가뿐만 아니라 책과 잡지를 읽거나 학교를 다니고 대중강연을 들으며, 식물과 광물을 수집하고 기계를 설계하거나 만들고 과학 사상을 토론하던 모든 사람이다.

과학사에 관한 새로운 관점은 계몽주의의 새로운 강조 경향과 조화롭게 일치했다. 한편 계몽주의라는 용어는 점차 한 시대를 가리키는 꼬리표가 아니라 문화의 변화 과정을 가리키는 용어로 사용되었다. 그 과정은 바로 유통과 교환의 가속화다. 의사소통 매체가 엄청난 양으로 확산되고, 더 많은 대중이 정보와 의견 교환의 범위 안에 들어오게 되었다. 사람들은 그것을 각기 다른 장소에서 각기 다른 형태로 경험했다. 소통의 확산은 정치적, 종교적 권위에 대한 크고 작은 반발을 불러일으켰고, 그에 따른 반작용도 나타났다. 그 당시 중심에 서 있던 연구와 토론 주제 가운데에는 문화의 발전 과정 자체도 포함되었다. 그것은 역사적 탐구 주제이자 당시 다른 사회에 관한 비교 문화 연구의 대상이었다. 이런 논의는 보편적 인간 특성의 기초인 '인간 본성'이라는 개념을 전제로 이루어졌다. 그것은 자연 세계 전체가 일관된 법칙에 의해 통제된다는 당시의 지배적인 가설을 반영한다. 인간 본성이라는 개념은 물리학 및 자연과학의 기초 위에 세워져 그 토대 위에서 인간의 능력, 문화의 진보, 사회의 올바른 질서에 관한 논의가 이루어졌다.

18세기의 마지막 사분기에는 몇몇 유럽 국가에서 지배적 질서에 대항하는 혁명의 소요가 일어났고 한편 영국, 프랑스, 스페인과 아메리카대륙의 식민지를 연결하고 있던 소유와 지배의 끈이 끊어졌다. 혁명의 시대는 계몽의 시대에 종말을 고했다. 유럽 사회는 내부와 외부의 갈등으로 몸살을 앓았고, 그로부터 새로운 정치적·문화적 제도가 출현해 세계와도 새로운 관계를 맺게 되었다.

혁명의 시대는 계몽시대의 과학에도 위기를 가져왔다. 독립한 미국은 새로운 과학 기관을 만들어 나갔다. 미국철학회를 필두로 미국예술·과학아카데미가 만들어졌고, 주요 도시에서는 의사협회가 결성되었다. 미국의 과학 논문 출판업계도 조성되었고, 식민지 시대의 대학들은 새로운 국가의 엘리트를 교육할 임무에 맞추어 변모해 나갔다. 미국 독립에 반대했던 교수진들은 캐나다 남동쪽으로 도주했고, 남아 있는 교수들은 대학의 이름을 컬럼비아칼리지로 바꾸었다.

프랑스에서는 정치적 혁명에 앞서 앙투안 라부아지에가 앞장을 선 화학의 '혁명'이 일어났다. 1774년, 라부아지에는 프리스틀리의 연구 결과에 힌트를 얻어 붉은색의 수은회(산화수은)를 가열하면 새로운 종류의 공기(산소)가 나온다는 사실을 발견했다. 그로부터 몇 년 동안 라부아지에는 플로지스톤이라는 개념에 공격을 퍼부었다. 플로지스톤은 전통적으로 화학자들이 금속이나 다른 가연성 물질에서 불이 잘 붙는 성질을 낸다고 믿었던 가상의 물질이다. 라부아지에는 연소 반응을 플로지스톤의 발산이 아니라 가연성 물질과 공기 중 산소의 결합 과정으로 이해할 수 있다고 주장했다. 이 새로운 토대 위에서 화학

이론은 전면적으로 재구성될 수 있었다.

유럽의 화학자들도 점점 새로운 이론을 받아들였다. 독일, 네덜란드, 스코틀랜드의 화학자들은 일찍부터 라부아지에의 편에 섰다. 프리스틀리는 라부아지에가 더욱 정교하고 값비싼 장치를 도입함으로써 궁극적으로 그의 실험을 다른 이들이 재현하기 힘들게 만들었다고 생각했다. 그는 또한 새로운 명명법에 분개했다. 중립적이고 묘사적인 실험과학의 언어를 사용해야 할 곳에 특정 이론의 틀을 덧씌웠다는 것이다. 이런 식으로 프리스틀리는 새로운 화학을 자유주의적 진보와 계몽주의 전반에 큰 기여를 해 온 과학적 지식의 공공적 지위를 무너뜨리는 주범으로 보았다.

프리스틀리의 비판은 라부아지에의 화학이 다가올 미래의 상황을 가리키고 있다는 사실을 정확하게 지적했다. 이 프랑스 화학자가 사용한 실험 기구는 곧 생겨날 새로운 과학 연구 기관에 자원이 집중되는 현상의 한 사례였다. 혁명 이후의 프랑스는 파리에 '그랑제콜'이라는 고등 교육 기관을 세워 인재를 양성했는데, 여기에는 과학과 기술 분야를 전문적으로 가르치는 에콜 폴리테크니크와 국립공예원도 포함되었다. 이런 교육 기관들의 교육 과정에 라부아지에의 교과서, 화학 명명법, 실험 기구들이 사용되었다. 1790년대 중반에는 과학아카데미에도 개혁이 일어나서 새로 설립된 프랑스학사원 안에 편입되었다. 이곳에서 이루어지는 연구 역시 상당 부분 복잡한 실험 기구에 의존했다. 특히 전류의 발견은 전기화학이라는 새로운 분야의 문을 열었고, 이 분야의 연구를 진행하기 위해서는 대형 전기 배터리를 만들어야 했다. 프랑스의 개혁은 다른 국가에서도 비슷한 방향의 발전이 일어나도록 영감을 주었다. 1799년 영국왕립과학연구소가 설립되어 개인적 후원과 일반 대중의 관심이 이곳의 실험실로 집중되었다. 해협을 사이에 둔 두 국가의 경쟁은 자원 집약적인 국립 연구소의 발전을 촉발했고, 계몽시대 대중 과학의 전성기가 막을 내리게 될 것이라는 프리스틀리의 예측이 맞았음이 드러났다. 프리스틀리가 실험을 하는 데 사용했던, 가정용 도구들을 포함한 소박한 실험 기구는 더는 시대가 요구하는 과학 활동에 적합하지 않았다. 과학자가 발견한 것을 대중들이 따라서 재현해 보던 관행 역시 민간이나 정부의 후원을 받은 대규모 연구소에서 실험 연구를 독점하는 쪽으로 변해 갔다.

19세기 초에는 낭만적 경향이 분명하게 드러나기 시작했다. 독일에서는 프랑스의 군사적 침략의 결과로 새롭게 국가 의식을 고취하는 문화가 (특히 문학과 철학 분야에서) 나타났다. 괴테가 독일어권의 선도적 시인으로 떠올랐으며, 1790년대와 1800년대에 자연철학에도 중요한 기여를 했다. 그는 식물과 동물의 비교해부학 연구를 수행하고, 모든 다양한 생명체의 근간에는 '원형'이라는 근원적인 생명의 설계가 자리 잡고 있다고 주장했다.

이 시기의 두 가지 과학 분야의 경향은 '18세기 계몽주의의 특징적 사고방식으로부터의 결별'로 간략하게 요약된다. 생물학이 과학 분야의 한 명칭으로 사용된 것은 약 1800년 무렵으로, 처음에는 생명력, 즉 생물을 생물이게 하는 속성들을 연구하는 학문이었다. 한편 지질학 역시 이와 비슷한 시기에 지구의 역사를 연구하는 학문을 가리키는 용어로 자리 잡았다. 19세기 중반에는 지질학의 연구 결과로 지구의 역사가 어마어마한 시간 범위로 확장되어 생물학적 진화의 연구가 전개될 수 있는 무대를 마련했다.

## 3. 생명의 의미

1818년 메리 셸리는『프랑켄슈타인』을 통해 고독한 미친 천재가 신비한 힘을 이용해 생명을 만들어 내는 이야기에 관한 인상 깊은 이미지를 창조해 냈다. 그러나 시신의 조각들을 이어 붙인 괴물이 생명을 얻어 부활한다는 예측은 사실 당시에 알려진 지식의 한계를 크게 넘어서는 것은 아니었다. '이 소설이 기반을 둔 사건은 이래즈머스 다윈 박사와 독일의 몇몇 생리학 저자들의 주장에 따르면 불가능한 일이 아니다'라고 책의 서문에 저자가 밝혔듯, 그 상상은 당시의 최신 과학적 통찰을 생명의 특성으로 확장시킨 것에 지나지 않았다.

셸리의 소설에서 가장 명확해 보인 측면은 유물론적인 관점에서 신체의 기능을 이해하려는 생리학의 출현이었다. 프랑켄슈타인과 그 시대의 급진적인 생리학자들에게 몸은 전기라는 신비스러운 힘에 의해 움직이는 기계에 불과했다. 유물론자들은 고대부터 인간의 본성에 대한 종교적 견해에 도전하기 위해 이와 같은 생명의 모형을 사용해 왔다. 그리고 그들의 철학은 18세기 계몽시대에 라메트리를 비롯한 계몽주의자들의 저서에서 새로운 추진력을 얻었다. 그들은 사람의 몸에 생명을 불어넣는 신비로운 힘인 '생명력' 따위는 존재하지 않으며 인간의 몸이 죽은 다음에도 계속해서 살아남는 영혼 역시 존재하지 않는다고 주장했다. 19세기에 생리학자들이 점점 더 정교한 방법으로 인체의 기능을 조사하면서 그와 같은 모형은 점점 더 기반이 확고해졌다.

새로운 사고방식을 뇌에 적용하면서 전통적인 가치에 대한 위협이 현실적으로 나타났다. 생리학자들은 신경이 전기 활동에 의해 기능한다는 것을 보여 주었고, 해부학자들은 뇌의 특정 부분이 마음의 특정 기능을 담당하고 있음을 보여 주었다. 대중은 두개골 모양으로 사람의 성격을 파악할 수 있다고 주장하는 골상학자들에게 구름같이 몰려들었다. 그러나 이런 유행의 이면에는 영혼이 육신과 별개로 존재하며, 따라서 영혼은 자연법칙의 지배를 받지 않기 때문에 창조주가 자유의지를 부여했다는 기독교 사상에 대한 심원한 위협이 감추어져 있었다. 종교 사상가들은 이런 유물론적 인간관을 대하고 공포로 소스라친 반면, 전 세대의 심리학자와 철학자들은 인간 마음의 작동 원리에 관한 좀 더 과학적인 이론을 개발해 나갈 영감을 얻었다.

『프랑켄슈타인』은 새로운 기술에 관한 또 다른 심란한 측면을 드러냈다. 실험자는 단순히 살아 있는 생명체를 연구한 것이 아니라 그것을 조작하고 통제하려고 시도했다. 물론 그런 우려가 현실화되는 일은 한참 후까지 일어나지 않았다.

그런데 유물론은 또 다른 측면에서 우려를 일으켰다. 셸리가 이래즈머스 다윈 박사를 서문에 언급한 것은 작품에서 다루는 유물론적 사상의 과학자 중 한 사람이 나중에 진화론이라고 불리는 사상의 근원이라는 사실을 상기시킨다. 그는 지구의 머나먼 과거에 생명의 근원이 자연적인 과정에 의해 생겨났으며 그 이후 점진적인, 그러나 필연적인 진보에 의해 길고 긴 시간 속에서 최초의 원시적 생명체가 더욱 복잡해졌다고 주장했다. 그러나 이래즈머스 다윈의 발자취를 따라가는 급진적 사상가들은 진화라는 현상이 동물을 신체적으로나 정신적으로 더 높은 수준으로 끌어올린다는 점을 강조하면서 우주가 도덕적 목적을 갖고 있다고 생각했다. 그런데 이런 목적론적 사상은 이래즈머스 다윈의 손자인 찰스 다윈에 의해 도전을 받는다. 찰스 다윈이 1859년에 발표한 『종의 기원』은 진화의 의미를 '생존을 위한 잔혹한 투쟁에 의해 빚어진 우연한 사건들의 연속'으로 축소시키는 것처럼 보였다.

1850년대에 이르자 창세기의 내용을 글자 그대로 받아들일수 없게 되었다. 지질학자들이 지구가 인류의 출현 이전에 엄청나게 긴 세월 동안 변화해 왔음을 증명했기 때문이다. 화석 기록의 윤곽이 드러나면서 생명체가 처음에는 원시적인 형태로 나타났다가 길고 긴 지질 시대 규모의 시간 단위에 걸쳐 더욱더 복잡한 수준으로 조직되어 왔음이 확인되었다. 진화론자들은 화석 기록에 나타난 진보의 흔적을 최대한 이용했다. 진화를 대중적으로 이해시킬 때는 필연적으로 화석 증거에 초점이 맞춰졌다.

이와 같은 발전은 과학의 지위와 조직에 일어난 엄청난 변화를 배경으로 이루어졌다. 외로운 과학자가 어딘가 멀리 떨어진 장소에서 기괴한 실험을 수행한다는 인기 있던 이미지는 과학의 현실이 전개됨에 따라 점차 수그러들었다. 비록 찰스 다윈은 부유한 아마추어였지만 과학은 점차 대학이나 정부가 지원하는 박물관과 연구 단체, 기업의 공장에 속한 대규모 공공 연구실에서 수행되었다.

이와 같은 배경에는 과학이 산업, 의학, 농업의 진보를 돕는 실용적 정보의 원천으로서 가치가 있음을 정부와 기업에 입증하는 일이 있었다. 생리학은 건강한 식사에 필요한 요소를 드러냄으로써 의학 분야에 명백한 도움을 주었고, 세균이 병을 일으킨다는 이론은 미래의 치료법에 관한 전망을 제공했다. 한편 의료 전문가들이 그런 전망을 받아들이는 데는 시간이 걸렸다. 그들의 의료 행위를 과학이라기보다는 기술로 보았기 때문이다. 그러나 과학적 발견이 자연을 이해하는 것뿐만 아니라 통제하는 데도 도움을 줄 것이라는 기대는 다른 많은 분야에서 큰 환영을 받았다. 대중은 과학이 제공해 줄 혜택을 경험하는 데 큰 관심을 보이며 전람회, 박물관, 대중강연, 점점 규모가 늘어 가는 책을 비롯한 인쇄물에서 열심히 정보를 구했다.

생물학적 사고를 현실에 적용하는 과정에서 어떤 경우에는 심각한 사회적 우려가 불러일으켜지기도 했다. 그런 사례는 많은 경우에 과학 저술가들이 상황을 지나치게 단순화해 일어난 결과다. 그러나 유전자 결정론의 근간에 있는 가정은 여전히 인간의 삶에서 유전이 미치는 역할에 큰 관심을 불러 모은다.

20세기 중반 자연 선택 이론이 부활하면서 과학이 모든 것의 의미를 단지 시행착오의 결과물로 축소시키고 모든 종교적, 영적 가치를 헛소리로 치부한다는 두려움에 불을 붙였다. 다윈주의의 대중적 이미지는 점점 더 리처드 도킨스 같은 사람들이 주도하게 되었다. 그는 이 이론이 우리의 세계가 지혜롭고 자비로운 신이 설계한 것이라는 희망을 완전히 깨부순다는 이유로 진화론을 열렬히 지지했다.

강경한 다윈주의 모델은 사실 몇십 년 동안 진화발달생물학과 후성유전학에 의해 많이 누그러졌다. 각각의 유전자가 어느 특정 형질의 암호를 담고 있다는 오래된 개념은 물러나고, 유전자들 사이의 상호작용이 복잡하고 어떤 경우에는 예측할 수 없는 결과를 가져오며 또한 유전 정보가 생물 체내에서 발현되는 발달 과정이 중요한 역할을 하기 때문에 가능한 변이의 범위를 제한하는 방식으로 진화에 영향을 줄 수 있다는 사실을 인정하는 분위기다. 1970년대 초에 스티븐 제이 굴드 같은 생물학자들은 '지나치게 단순화된 유전자 중심의 다윈주의는 일부 측면에서 재고되어야 한다'라고 경고했다. 그 측면에는 급격한 변화 가능성이 포함된다.

20세기 후반 유전학에 대한 폭발적 관심은 덜 극단적인 형태의, 유전자가 개인의 특성을 결정한다는 믿음이 계속 살아남을 수 있는 분위기를 조성했다. 제임스 왓슨과 프랜시스 크릭은 1953년 DNA의 구조를 확인했고, 그들의 연구는 분자생물학이 라는 연구 프로그램으로 흡수되었다. 분자생물학은 유전자가 어떻게 형질을 만들어 내고 그 형질이 어떻게 발현되는지를 보여 주기 위해 노력했다.

엄청난 관심 속에서 2000년에 발표된 인간 게놈 해독은 유전자가 인간의 특성을 결정하는 데 결정적인 역할을 한다는 대중의 믿음을 강화시켰다. 유전자 연구는 많은 질병이 유전에 기초하고 있으며, 따라서 과학자들과 의사들이 강력한 새로운 치료법을 개발할 수 있을 것이라는 과장된 희망을 불러일으켰다.

현재 진행되는 연구는 유전자를 신체 기능으로 전환시키는 과정이 매우 복잡해서 하나의 유전자가 하나의 형질을 발현시킨다는 단순한 개념을 와해시키는 데 도움을 주었다. 이제는 하나의 유전자라는 것이 무엇인지 명확하게 규정하는 것조차 사실상 불가능해졌다. 그것은 개별적인 특수한 연구 환경에 따라 달라질 수 있다.

20세기 말과 21세기에 생명과학과 의학이 엄청나게 확장되면서 좀 더 일반적인 수준에서 그와 동일한 문제가 일어났다.

생리학과 생화학 분야의 발전이 '생명의 비밀'을 많이 밝혀내자 그 결과로 많은 질병에 대한 치료법이 등장할 것이라는 대중의 기대가 높아졌다. 어떤 경우에는 문제의 복잡성이 밝혀지면서 그런 희망이 산산이 부서지기도 했다. 유전자가 중요한 역할을 하는 것은 맞지만 어떤 경우에는 같은 암에 대해 여러 개의 유전자가 관여하고, 유전자가 실제로 발현되는 과정에서 엄청나게 다양한 환경과 영향을 주고받기도 한다.

20세기 후반 제약업계는 수많은 정신질환의 증상을 완화하는 다양한 범위의 약물을 만들어 냈다. 20세기 중반 그토록 인기 있었던 프로이트의 정신분석 기법은 불신의 대상이 되었다. 이제 정신질환은 어린 시절의 심적 외상 때문이 아니라 뇌의 물리적 불균형 때문에 일어나는 것이라고 여겨진다. 그러나 그 결과 엄청난 수의 사람들이 항우울제에 중독되고, 그럼에도 여전히 정신질환은 심각한 사회 문제로 남아 있다.


## 4. 이론의 전망

물리학자들은 복잡하고 혼란스러운 세계에 일관성, 의미, 통일성을 새롭게 부여하기 위해 개념과 방정식의 체계를 만들어 낸다. 뉴턴은 중력과 몇 가지 단순한 법칙의 조합으로 대포에서 혜성에 이르기까지 모든 물체의 운동을 설명할 수 있음을 보여 주었다. 이와 같은 이론은 혼란스러워 보이는 관측 결과의 이면에 숨어 있는 보편적인 원칙을 드러내 준다. 현실을 조직화하는 방법으로서의 이론은 보이지 않는 세계가 기묘한 법칙의 지배를 받는다는 사실을 암시한다. 따라서 우리는 직접적 경험을 넘어서 개념과 관념의 세계로 나아가야 한다.

물론 개념과 관념은 종종 다를 수 있다. 이론물리학의 역사는 그 학문의 중심에 있는 긴장감을 드러낸다.

17세기에 뉴턴이 이룬 업적은 보편적 법칙을 찾으려는 물리학에서 이 이론이 어느 정도 유용하다는 사실을 설득력 있게 보여 준 것이다. 그러나 과연 어떻게 베이컨의 우상에 사로잡히지 않으면서 이런 자연법칙을 밝혀낼 수 있을까?

'모든 것에 대한 이론'을 지지하는 사람들은 그 목표가 물리학의 존재 의미의 정수라고 생각한다. 그러나 모든 사람이 물리학의 핵심이 이론이라는 것에 동의하지는 않는다. 이론이 어느 정도로 중요하게 다뤄져야 마땅한지에 관한 질문은 철학자들이 과학을 설명하는 데 있어서 중심적인 질문이었다. 논리 실증주의자들은 이론 없는 접근법을 명확히 제시하려고 온갖 힘을 다 썼다. 그들은 이론을 아예 피할 수 없다면 적어도 이론은 실험의 발자취를 따라가야 한다고 생각했다. 칼 포퍼는 이론의 역할은 시험할 수 없는 주장을 제공하는 것이라고 주장했다. 그에게 있어서 입증할 수 없는 이론은 단지 아직 틀렸다고 입증하지 못한 이론일 뿐이었다. 한편 토머스 쿤은 정반대의 주장을 내놓았다. 이론이 과학자의 세계에 대한 경험을 형성하고 제한하는 힘이 너무 크기 때문에 이론을 틀렸다고 입증하기는 거의 불가능하다는 것이다. 그가 제시한 '패러다임'이라는 개념은 항상 이론이 먼저임을 보여 준다. 이론 없이는 어떤 과학 활동도 불가능하다는 것이다.

철학자들은 이론의 적절한 역할에 관해 합의를 이루지 못할 것이다. 역사적으로 볼 때 이론은 놀라울 정도로 다양한 역할을 해 왔다. 추종자이자 해석자였고, 안내자이자 열망의 원천이었다. 이론은 문제를 해결하기 위해 고안된 도구다. 이론은 그 자체만으로 독립적으로 존재할 수 없다. 이론은 하늘에서 뚝 떨어지듯 갑작스러운 통찰로 발견되는 것이 아니다. 다른 도구들과 마찬가지로 이론은 오랜 기간에 걸쳐 힘들게 씨름해서 얻어지는 생산물이다.

이론은 불완전하고, 항상 바뀐다. 그러나 이론은 절대적으로 필요하다. 우리는 이론 없이는 우리 자신의 경험 이상에 도달할 수 없다. 보이지 않는 전기장, 기묘한 양자 파동, 심지어 보편적인 에너지 변환 과정조차 이론을 거부하는 사람들의 손에는 닿을 수 없을 것이다. 이론은 두렵지만 생산적인 영역, 우리가 생각하는 세계와 완전히 다른 영역을 탐험하는 여정이다.

이론에 대한 의심과 회의감을 모든 물리학자가 공유한 것은 아니다. 예를 들어 독일의 과학자들은 이론적 수단을 통해 얻은 지식에 관해 전혀 다른 입장을 보였다. 그들의 지적, 제도적 환경은 이론을 자연 세계를 탐구해 나가는 훨씬 매력적인 방법으로 만들었다. 이곳에서 이론은 그 자체로 독자적인 삶을 살아가게 된다.

독일의 대학들은 조직화가 잘 되어 있었고 자금 지원도 풍부했다. 1870년대에 이르자 독창적인 연구를 강조하는 풍토가 나타났다. 대부분의 19세기 동안 이것은 실험 연구를 의미했다. 그러나 물리학을 가르칠 교수진에 대한 수요가 급속히 증가하면서 실험 장치의 공급이 그 속도를 따라가지 못했다. 상황이 이러하자 이론물리학 분야의 교수직이 새롭게 만들어졌다. 교수들은 수업에서 학생들을 가르치고 연구를 해야 했지만 실험 연구를 할 자원이 제공되지 않았다. 대신 이론이 학문적 경력을 개발하는 한 가지 길로 자리 잡았다. 원래는 선임 교수들이 실험 연구를 하고 이론 연구는 경력이 적은 교수들의 몫이었지만, 이론가들이 빠른 성공을 거두면서 지적 세계에서 그들의 입지가 높아졌다. 1890년대에 이르자 독일의 모든 과학 기관의 책임자 지위에서 이론물리학자들을 찾아볼 수 있었다. 이런 제도적 환경과 헬름홀츠나 카를 프리드리히 가우스 같은 뛰어난 이론가들의 유산이 결합되어 19세기 말에 이론물리학은 물리학에서 독자적이고 인정받는 분야로 자리매김하게 되었다.

물리학은 지성을 발달시키기 위한 인문학적 지식의 핵심이자 독일의 교육적 이상인 '교양Bildung'의 필수 불가결한 일부분으로서 학습의 대상이 되었다. 그것은 물리학에 관심 있는 학생들이 철학과 수학에도 매우 친숙하다는 것을 의미한다. 젊은 시절의 아인슈타인이 좋은 사례다. 그는 과학 분야에서 경력을 쌓으려고 노력했지만 따로 시간을 내서 에른스트 마흐, 존 스튜어트 밀, 데이비드 흄의 저서를 읽었다. 그는 이론적 문제들과 씨름하면서 인식론이 수학만큼이나 유용한 도구라는 것을 깨달았다. 이와 같은 접근법은 상대성 이론, 양자물리학 및 원자 이론에 관한 아인슈타인의 유명한 1905년 논문들에서 볼 수 있다.


## 5. 맺음말[11]

결론적으로, 푸코는 『말과 사물』이 '하나의 열린 장소an open site'로 읽히길 원했다. 그가 보기에도 여기에는 여전히 답을 찾지 못한 많은 문제가 있었고, 많은 간격gaps이 여전히 완결되지 않거나 심지어는 시작도 되지 않은, 이전 작업이나 다른 작업을 가리키고 있다. 구체적으로, 푸코는 『말과 사물』의 세 가지 이론적 문제를 언급한다.

우선, '변화'의 문제.

사실, 특히 두 가지 것이 푸코에게 충격을 주었다. 일정 과학이 이따금 재조직화되는 급작함과 철저함, 그리고 동시에 유사한 변화들이 명백히 매우 다른 분야들에서 일어났다는 사실이 그것이었다. 그것도 1800년을 중심으로 몇 년 사이에 연속성의 이름으로 환원됨이 없이 돌발적으로, 혹은 광범하게 이루어졌다. 따라서 푸코에게는 이 모든 변화가 동일한 수준에서 다뤄지거나, 가끔 그렇듯이 단일한 정점에 도달하도록 되거나, 한 개인 혹은 새로운 집단정신의 천재성 혹은 단일한 발견의 풍부성에 기인한 것이도록 되어서는 안 되는 것으로 보였다. 이러한 차이들을 존중하고 그 종별성에서 포착하기를 시도하기조차 하는 것이 더 낫게 보였던 것이다. 이런 식으로, 푸코는 생물학, 정치경제학, 문헌학, 다수의 인간과학, 그리고 새로운 형태의 철학의 출현을 19세기 문턱에서 성격 규정했던 서로 조응하는 변형들의 조합으로 기술하기를 시도했던 것이다.

다음으로, '인과율'의 문제.

학문에서 무엇이 종별적 변화를 야기했는지를 결정하는 것은 항시 쉬운 것이 아니다. 그래서, 『말과 사물』에서 푸코는 원인들의 문제를 한쪽으로 미루는 대신에, 변형들 자체를 기술하는 데 그 자신을 한정하기를 선택했다, 이는 언젠가 학문적 변화와 인식론적 인과율의 이론이 구성된다면 불가결한 수순일 것이라 생각하며 말이다.

마지막으로, '주체'의 문제.

인식론적 지식 수준(혹은 학문적 의식)과 고고학적 지식 수준을 구분하며, 푸코는 자신이 어려움으로 점철된 방향으로 나아가고 있음을 알고 있었다. 간단히 말해, 그는 학문적 담론을 말하는 개인들의 관점에서가 아니고, 사람들이 말하는 형식적 구조의 관점에서도 아니고, 이러한 담론의 존재 자체에서 작동하는 규칙들의 관점에서 탐구하려 시도했다. 이 점에서 또한, 푸코는 그가 많이 진전하지 못했음을 잘 알고 있었다. 담론 일반, 특히 학문적 담론은 워낙 복잡한 실체여서, 우리는 이것에 다른 수준들과 다른 방법들로만 접근할 수 있을 뿐만 아니라 접근하여야 한다. 푸코에게 학문적 담론의 역사적 분석은 궁극적으로 인식 주체론이 아니라 오히려 담론적 실천론에 속해야 하는 것으로 보인 것이다.

# 주석

1   "구조주의는 인간과 사회생활을 수학적 작용과 기호와 자연적 물질, 그리고
제도와 체계로써 설명한다. 그런 점에서 실존주의와 현상학과 해석학에서
귀중하게 여겨졌던 체험과 정열, 시간성과 역사성, 의식과 자유, 정신적 의
미 등은 구조주의에서 사라지거나 무의미한 허상으로 밀려난다. 실존주의
가 세계 2차 대전 와중과 직후 그리고 식민지 해방전쟁의 소용돌이 속에서
신음하던 프랑스와 유럽대륙에서 한때(50년대~60년대)의 전성시대를 지성가
(知性街)의 유행으로 누렸다면, 구조주의는 혼란기를 극복한 시대에 많은 지
성인들의 갈증에 유행처럼 대응되기도 하였다", 김형효, 『구조주의의 사유체
계와 사상』, 인간사랑, 1989, 18쪽.

2   사르트르는 『실존주의는 휴머니즘이다』(박정태 옮김, 이학사, 2008)에서 자신
의 인간주의, 즉 무신론적 실존주의를 강연한다.

3   "사실상 사르트르는 자기의 코기토(cogito)의 포로가 되었다. 데카르트의 코
기토는 보편성에 연결될 수 있는 것이었으나 코기토가 심리학적이고 개인
적인 틀 속에 머무른다는 조건하에서 그러했다. 사르트르는 코기토를 사회
학적으로 변용시켰지만 그것은 단지 감옥을 바꾼 것에 지나지 않는다. 그
렇게 해서 각 주체가 속하는 집단과 시대가 비시간적 의식을 대신하는 것이
다", 클로드 레비-스트로스 지음, 안정남 옮김, 『야생의 사고』, 한길사, 1996,
357쪽.

4   푸코의 이 탁월한 선견지명은 2017년에야 결국 현존 프랑스 최고의 마르크
스철학자 에티엔 발리바르에 의해 다음과 같이 인정된다. "마르크스는 독일

관념론, 보다 정확히 그 실천주의 분파의 위대한 최후 대표자이다", Etienne Balibar, "Introduction to the New Edition", *The Philosophy of Marx*, London & New York: Verso, 2017.

5  "서로 병치될 경우 이 두 단어는 다소 당황스러운 효과를 낳는다. 우리는 이 말에 의해 판단들에 대한 유효성의 조건이 아니라 언표들에 대한 현실성의 조건인 선험을 가리키고자 한다. 여기에서 문제가 되는 것은 한 주장을 합법적인 것으로 만들 수 있는 것을 찾아내는 것이 아니라 언표들의 출현의 조건들, 그들의 공존의 법칙, 그들의 존재 양식의 특이한 형태, 그들을 존속시키는, 변형시키는, 분산시키는 원리들을 식별해 내는 것이다. 결코 말해지지 않을, 경험에 현실적으로 주어지지 않을 진리들의 선험이 아닌, 현실적으로 주어질 역사의 선험(왜냐하면 그것은 현실적으로 말해진 것들의 선험이기 때문에)", 미셸 푸코 지음, 이정우 옮김, 『지식의 고고학』, 민음사, 2000, 184~186쪽, 용어 일부 수정.

6  인구에 널리 회자되고 그 해석이 분분한 이 '인간의 죽음'에 대한 언명에 대해 푸코는 마침내 1980년에 다음과 같이 '인간의 변화'로 그 의미를 밝힌다. "자신들의 역사 도정에서 인간들은 그들 자신을 구축(構築)하기를, 즉 그들의 주체성을 계속 이동시키고, 갖가지 주체성으로 이루어진, 그리고 결코 끝이 없고 인간일 무언가에 우리를 결코 맞세우지 않을, 무한하고 많은 계열에서 자신을 구성하기를 결코 멈추지 않았다. 인간들은 대상을 구성하면서 주체로서 어떤 과정을 이동시키는 동시에 변형하고 전화(轉化)하며 그리고 전형(轉形)하는 과정에 영원히 참여하는 것이다", Michel Foucault, *Dits et Ecrits II*, ⟨Quarto⟩, Paris: Gallimard, 2001, p. 894.

7  이 절부터 『말과 사물』은 칸트, 프로이트, 레비스트로스에 대한 기초적 선이해가 없이는 독해가 좀 어려우니, 철학 비전공 독자들께서는 본서의 '두 지성사적 배경'을 먼저 일독하시길 권유한다.

8  Immanuel Kant, *Introduction to Logic*, New York: Barnes & Noble, 2005, p. 17.

**9** "프로이트 시대에 심리학 분야의 형태는 오늘날의 분류와 아주 달랐다. 심리학은 당시에 철학의 한 분과로서 철학으로부터 완전히 분리되지 않았다. 당시에는 실험적 방법을 가지고 주로 기억 및 학습연구를 수행하던 초보적인 경험심리학이 있었다. 어쨌든 몇몇 위대한 심리학자 가운데 빌헬름 분트는 29곳, 테오도르 페히너는 8곳이 프로이트의 『전집(*Gesammelte Werke*)』 마지막 인명색인에서 인용된다. 프로이트의 '과학'적 관심사는 1926년에 발표된 「비전문가 분석의 문제」의 한 단원에서 분명하게 나타난다. 그는 이 논문에서 정신의학의 증상론을 제외하면 의학 커리큘럼이 정신분석에 쓸모없다고 설명한다. 반면에 생물학과 성과학은 미래의 대학에서 역사학이나 종교학, 문예학과 마찬가지로 정신분석 연구에 중요하다는 것이다. 심리학은 어쨌든 다른 글에서 전제조건으로 간주된다. 전반적으로 프로이트는 오히려 일반 심리학에 더 관심이 많았다. 정신분석 자체와는 별도로 임상심리학이 발전하기 시작하면서 2차 세계대전 이후에는 오히려 정신분석적 이념이 심리학으로 점점 더 많이 유입되기 시작했다. 심리학과 정신분석이라는 두 체계를 상호 결합하려는 최초이자 마지막 시도는 1949년 돌러드와 밀러에 의한 획기적인 계획에서 이루어졌다. 그들은 오늘날과 달리 당시에는 어느 정도 응집력 있는 것으로 설명되었던 정신분석적 지식을 심리학과 동일한 것으로 간주되던 학습이론의 언어로 새롭게 공식화하려고 했다. 그러나 이 시도는 이론과 실제에서 계속 성과를 남기지 못했다", 한스 마르틴 로만·요아힘 파이퍼 엮음, 원당희 옮김, 『프로이트 연구 II』, 세창출판사, 2016, 4부.

**10** Michel Foucault, "Foreword to the English Edition(1970)" in *The Order of Things*, London: Routledge, 2002, pp. ix~xv.

**11** 상동.

# 참고문헌

Foucault, Michel, *Les mots et les choses*, Paris: Gallimard, 1966.

_____, *L'archéologie du savoir*, Paris: Gallimard, 1969.

_____, *Dits et Ecrits*, ⟨Quarto⟩, Paris: Gallimard, 2001.

Kant, Immanuel, *Introduction to Logic*, New York: Barnes & Noble, 2005.


김형효, 『구조주의 사유체계와 사상』, 인간사랑, 1989.

라플랑슈, 장·장 베르트랑 퐁탈리스 지음, 다니엘 라가슈 감수, 임진수 옮
    김, 『정신분석 사전』, 열린책들, 2005.

레비-스트로스, 클로드 지음, 안정남 옮김, 『야생의 사고』, 한길사, 1996.

로만, 한스 마르틴·요아힘 파이퍼 엮음, 원당희 옮김, 『프로이트 연구 II』,
    세창출판사, 2016.

모루스, 이완 라이스 외 지음, 임지원 옮김, 『옥스퍼드 과학사』, 반니, 2019.

사르트르, 장 폴 지음, 박정태 옮김, 『실존주의는 휴머니즘이다』, 이학사,
    2008.

에리봉, 디디에 지음, 박정자 옮김, 『미셸 푸코, 1926~1984』, 그린비, 2012.

주경복, 『레비스트로스』, 건국대학교출판부, 1996.

카울바흐, F. 지음, 백종현 옮김, 『임마누엘 칸트』, 아카넷, 2019.

푸코, 미셸 지음, 이정우 옮김, 『지식의 고고학』, 민음사, 2000.

# [ 세창명저산책 ]

**세창명저산책**은 현대 지성과 사상을 형성한 명저를 우리 지식인들의 손으로 풀어 쓴 해설서입니다.

· 세창명저산책은 계속 이어집니다.